LA FÓRMULA DEL MERCADEO EN RED

LA FÓRMULA DEL MERCADEO EN RED

DOMINA LOS 3 PILARES DE PODER EN LAS REDES DE MERCADEO

ALEXIS ADAME

LA FÓRMULA DEL MERCADEO EN RED
Publicado Por Editorial Misión

Copyright © 2024 por Alexis Adame

Primera Edición 15 de diciembre, 2024

ISBN Libro Tapa Blanda: 978-1-958677-30-8
ISBN Libro Tapa Dura: 978-1-958677-31-5

Para obtener más información, envíe un correo electrónico a info@EditorialMision.com

Editorial Misión publica libros simples y útiles para emprendedores, coaches, conferencistas y dueños de negocio, con la intención de impulsarlos a transformar vidas con su mensaje. Nuestros libros son fáciles de crear y rápidos de leer, diseñados para solucionar un problema en específico. Editorial Misión ofrece un proceso sencillo para permitir que los emprendedores y dueños de negocios se beneficien de la autoridad que proviene de tener un libro, sin la molestia y el compromiso del tiempo normalmente asociado con definir, estructurar, escribir, corregir, editar, diseñar, publicar y promover su obra.

¿Tiene usted la idea de escribir un libro que transforme vidas?
Visite www.EditorialMision.com para más detalles.

MISIÓN

Quiero dedicar esta obra a Dios todopoderoso.
Entrego este proyecto en tus manos. Tú lo creaste, Señor;
Tú eres el autor principal. Me siento guiado por ti.

A Jerónimo Adame, mi abuelo, y a 'Nina', mi abuela.
A donde quiera que voy, sigo sintiendo su presencia,
siempre echándome porras.

A mis padres Florencio Adame y María de Jesús
Arenas quienes han sido mi razón de resistencia y lucha
incansable; ellos son mi inspiración.

A mis hijos Alexis Adame, Yahir Adame, Valerie
Adame; ellos son mi razón y mi apoyo. Este legado es
para ellos los amo por siempre.

TRANSFORMA TU NEGOCIO
CON ESTE REGALO EXCLUSIVO

¡Gracias por adquirir este libro!

Como muestra de mi agradecimiento, quiero hacerte un regalo exclusivo que complementará tu aprendizaje y te ayudará a llevar tu negocio de redes de mercadeo al siguiente nivel.

Descarga GRATIS mi ebook titulado:

"La guía esencial para líderes en mercadeo"

Este recurso adicional está diseñado para brindarte estrategias prácticas y efectivas que podrás aplicar de inmediato para potenciar tu crecimiento y fortalecer tu red.

Accede a tu regalo ahora en el siguiente enlace:

www.AlexisAdame.info

O escanea el siguiente código QR con tu teléfono ¡y comienza a transformar tu negocio hoy mismo!

PRÓLOGO
DE NAYO ESCOBAR

Cuando conocí a Alexis Adame, entendí que hay personas cuya esencia trasciende las palabras y las etiquetas. Alexis no solo es un hombre de historias, sino un tejedor de realidades; alguien que ha logrado, con una combinación de visión, pasión y disciplina, transformar cada desafío en una oportunidad y cada fracaso en un peldaño hacia el éxito.

Lo fascinante de Alexis es que su energía no solo impulsa su vida, sino que inspira a quienes lo rodean. Su capacidad para mantenerse auténtico, incluso en los momentos más complejos, es un recordatorio de que el liderazgo y la humanidad pueden —y deben— coexistir. He tenido el privilegio de escuchar de primera mano las anécdotas que conforman su trayectoria, desde los riesgos que lo llevaron al borde del abismo hasta las victorias que lo posicionaron como un referente en su ámbito.

Pero más allá de sus logros profesionales, lo que realmente destaca es su carácter. Alexis es un ejemplo de resiliencia, de cómo la voluntad puede sobreponerse a las circunstancias y de cómo los sueños no tienen límites cuando se persiguen con el corazón. Este prólogo no es solo una introducción a su obra, sino un reconocimiento a la persona detrás de ella. Alexis Adame nos invita a mirar más allá de lo evidente, a cuestionar nuestras propias barreras y a recordar que el verdadero éxito no se mide en resultados, sino en el impacto que dejamos en los demás.

Así que te invito a adentrarte en estas páginas con la misma apertura con la que Alexis vive su vida: con la certeza de que cada palabra tiene el poder de transformar y cada experiencia, la capacidad de enseñarnos algo nuevo.

NAYO ESCOBAR
Empresario, cantante, escritor, influencer
NayoEscobar.com

PRÓLOGO
DE RUBÉN LOZANO

Visión. Acción. Pasión. Estas tres palabras no solo representan el mensaje de este libro ni un lema comercial diseñado para llamar la atención y vender muchos ejemplares. En ellas se encuentra la esencia misma de la receta para el éxito que mi amigo Alexis ha practicado, ejemplificado, enseñado, promovido y comprobado en su propia vida. Al poner el corazón completo en estos conceptos, el resultado es el éxito y la prosperidad.

En las páginas de este libro descubrirás que no importa tu origen, tu educación ni tu posición social; nada de eso determina tu destino. El lugar al que puedas llegar no está limitado por tu pasado, sino por el tamaño de tu visión y la pasión con la que determines perseguir tu sueño, aplicando una acción masiva y decidida. El futuro lo escribimos hoy con cada decisión y cada acción que tomamos.

Alexis abre su corazón y con honestidad nos habla de su experiencia, desde su niñez y juventud hasta su vida presente. Nos comparte los retos que enfrentó, los obstáculos que podrían haberlo desviado del camino, las influencias que eligió permitir en su vida, los consejos que recibió y cómo estos transformaron su destino.

Mi amigo Alexis es un eterno optimista que se niega a aceptar que no existe un camino hacia el éxito, incluso frente a obstáculos que parecen insuperables. La visión que llena su corazón lo impulsa a buscar y encontrar nuevas rutas, y una vez que las descubre, aplica con pasión la acción masiva, constante y consistente que lo lleva a conquistar nuevas cimas en su incansable búsqueda del éxito.

Ahora que tienes este libro en tus manos, te invito a tener un lápiz o pluma y un cuaderno a la mano. Prepárate para escuchar los consejos de alguien que ha recorrido este camino y que, de una manera personal, comparte contigo las lecciones que aprendió y que le han llevado a alcanzar un nivel de libertad económica y éxito personal que tú también puedes aplicar a tu vida. Alexis no te hablará de conceptos aprendidos en un aula por un profesor que nunca ha salido de ella. Lo que encontrarás aquí son principios adquiridos directamente de mentores con los resultados que él deseaba alcanzar. También compartirá los secretos de personas exitosas que lo inspiraron y lo ayudaron a conquistar sus metas, además de las lecciones que su propia experiencia le ha enseñado.

¿Cuál es el secreto para alcanzar el éxito? Tener una visión clara de lo que quieres lograr. Aplicar acción positiva, masiva, constante y consistente. Y desatar la pasión, que será el combustible que impulsará todas tus acciones hacia la conquista de tu sueño.

Disfruta la lectura, mantén tu mente abierta y recuerda: el camino hacia el éxito comienza hoy.

RUBÉN LOZANO
Conferencista, motivador y escritor de varios libros
Más de 30 años educando familias
e impulsando empresarios y emprendedores

MENSAJE ESPECIAL
DE RAFAEL AYALA

¿Sientes que tus problemas no te permiten avanzar? ¿Crees que tienes retos imposibles de superar? Te invito a conocer la historia de Alexis Adame. Al leerla te darás cuenta que no eres el único que afronta desafíos y adquirirás la esperanza de que es viable superar tus retos.

Su libro realmente son dos obras, la primera, un conjunto de anécdotas interesantes de su vida, un ramillete de memorias que casi lo convierte en un narración de aventuras, pero basado en la realidad que vivió. Relatos en el contexto de un pueblo mexicano teñidos de aprendizaje, emprendimiento y atrevimiento.

La segunda parte es un recuento de ideas y sugerencias que permitan al lector aplicarlas para prosperar. Son consejos y herramientas que le funcionaron al emprender negocios, en especial de comercialización con base en redes de mercadeo. Estas recomendaciones son ideales para quiénes, al igual que él, desean romper las inercias de la vida de sobrevivencia para andar sobre el camino a la prosperidad.

San Andrés Cholula, Dic. 7, 2024

RAFAEL AYALA
Experto en transformación humana y empresarial
RafaelAyala.com

MENSAJES DE APOYO
DE AMIGOS Y LÍDERES
DE LA INDUSTRIA

Alexis Adame es un líder excepcional en la industria del network marketing, alguien que inspira con su ejemplo y transforma vidas a través de su visión y compromiso. A lo largo de los años, he tenido el privilegio de verlo crecer como líder, motivador y amigo. Su libro es un reflejo de su sabiduría y experiencia, una guía práctica y poderosa que, sin duda, ayudará a muchos a emprender con propósito y a desarrollar un liderazgo sólido y auténtico. Estoy seguro de que quienes lean estas páginas encontrarán las herramientas necesarias para alcanzar sus metas y llevar su vida y su negocio al siguiente nivel. Con mucho cariño.

ALEX REYNOSO
CEO, Empresario, Mentor y Top Líder en Mercadeo en Red

Alexis Adame es un líder excepcional en el mundo del marketing en red, reconocido por su capacidad para construir y guiar equipos hacia el éxito. Su enfoque en el desarrollo personal y profesional ha inspirado a innumerables personas a alcanzar sus metas. Como mentor, Alexis combina experiencia y pasión, ofreciendo estrategias efectivas y motivación constante. Además de ser un networker profesional, Alexis es un exitoso inversionista en bienes raíces, lo que refleja su visión estratégica y su habilidad para identificar oportunidades de crecimiento en diversos campos. Es alguien a quien admiro profundamente, no solo por su visión y compromiso con la excelencia, sino también porque tengo el privilegio de considerarlo mi amigo. Su autenticidad y dedicación lo distinguen como una figura influyente en nuestra industria.

JOHNATTAN SANTACRUZ
Business Consultant, Coach, Speaker, Author

Alexis Adame es la definición de lo que un líder CONGRUENTE es, predicando siempre con el ejemplo. Su tenacidad, visión, constancia, humanidad y su historia de superación son siempre una inspiración para quienes queremos seguir un camino en esta maravillosa industria. Siempre agradecida de contar y conocer a líderes como Alexis Adame, que es una inspiración pura para mí y para los que nos dedicamos a la industria del mercadeo en red.

ATZIRY GONZÁLEZ
Autora y top millonaria en Network marketing

CARTA MUY ESPECIAL

Cada palabra en este libro es un reflejo fiel de la vida real de su autor, Alexis Adame. Las estrategias y los consejos que aquí se comparten no son meras teorías; son prácticas que Alexis ha aplicado en su propia vida y que lo han llevado a convertirse en uno de los latinos más exitosos en la industria del mercadeo en red.

Como su esposa, compañera de vida y de mil batallas, puedo decir con orgullo que he visto a Alexis enfrentar los momentos más difíciles que alguien puede atravesar. Lo he visto caerse, pero nunca rendirse. He estado a su lado brindándole apoyo incondicional y, a pesar de los desafíos, jamás lo vi conformarse. Su espíritu de lucha, su determinación y su compromiso de crecer constantemente lo convierten en un ejemplo excepcional de líder, mentor y servidor.

Cuando leo las anécdotas y las historias de este libro, no puedo evitar transportarme años atrás, a ese momento en que decidimos asistir a nuestra primera presentación de mercadeo en red. Recuerdo que era en inglés, un idioma que Alexis no entendía en ese entonces. Sin embargo, confió plenamente en mí y en la visión de lo que podríamos lograr si funcionaba. Ese paso de fe marcó el inicio de una gran aventura llena de altas y bajas.

En aquellos días, no contábamos con las herramientas que hoy en día facilitan el camino, como la tecnología y las redes sociales. Tuvimos que manejar largas horas para presentar la oportunidad de negocio. Fue un tiempo de sacrificio, esfuerzo y determinación. Para quienes creen que el éxito es cuestión de suerte, déjenme decirles que no es así. Se necesita un deseo ardiente, agallas para superar obstáculos y la valentía de hacer que las cosas sucedan, incluso si implica desvelarse o pasar por momentos difíciles. Y, sobre todo, siempre poniendo a Dios primero.

Admiro profundamente a Alexis porque nunca se puso excusas para emprender en el mundo de los negocios. Agradezco a Dios por haberlo puesto en mi vida. Estoy convencida de que nuestro propósito juntos era enfrentar retos y desafíos que muchas parejas no habrían podido superar.

Conocer a Alexis es descubrir a una persona cuya pasión por ayudar a otros a alcanzar su máximo potencial no tiene límites. Su enfoque en el mercadeo en red trasciende las ventas o el crecimiento de redes; se trata de construir una mentalidad empresarial sólida, una visión clara y una actitud resiliente ante cualquier adversidad.

Este libro no es solo un conjunto de consejos; es una invitación a transformar tu vida adoptando un enfoque basado en la perseverancia, la innovación y el trabajo en equipo. Estoy segura de que, al seguir sus enseñanzas, cada lector no solo logrará sus metas profesionales, sino que también experimentará un crecimiento personal significativo.

Me siento bendecida de ser testigo de su increíble viaje y de compartir esta aventura con él.

TERESA MORALES ADAME
Coach, Autora y Conferencista Motivacional

ÍNDICE

INTRODUCCIÓN

Veo tantas personas que se sienten atrapadas en ciclos de fracaso y frustración, sin saber cómo romperlos. Yo también recuerdo haber estado así por mucho tiempo, mirando el cielo y las estrellas, preguntándome si algún día mi vida cambiaría. Pero hoy lo veo muy claro: la razón de mi frustración es que no tenía una dirección clara.

Este libro que tienes en las manos es el puente entre las ganas de tener éxito y su realización, de tu nueva vida. Aquí, descubrirás no solo mis experiencias y luchas, sino también las estrategias que me transformaron de ser un joven sin rumbo —y no porque no me esforzara para superarme, sino por no rodearme de la gente correcta que te aconsejara y mostrara el camino— a convertirme en un exitoso empresario de redes de mercadeo. Mi nombre es Alexis Adame y he vivido en carne propia la transformación que quiero y deseo compartir contigo.

Cada página está llena de las lecciones aprendidas a lo largo de mi viaje: desde mis días como inmigrante sin recursos en los Estados Unidos, hasta convertirme en un líder reconocido en los negocios y la industria de las redes de mercadeo. Te mostraré cómo mis fracasos se convirtieron en los cimientos de mi éxito.

Te prometo que, al seguir los pasos que describo en este libro, no solo mejorarás tu carrera en las redes de mercadeo, sino que también te ayudará en cualquier otro negocio que te encuentres desarrollando; al mismo tiempo, hallarás un propósito más profundo y una satisfacción en tu vida. He ayudado a innumerables individuos a superar sus propias barreras y tú también puedes ser uno de ellos.

Este libro de *La fórmula del mercadeo en red* está dirigido a aquellas personas que están listas para transformar sus vidas a través del emprendimiento en las redes de mercadeo; es para individuos que buscan no solo un cambio financiero, sino también crecimiento personal y apoyo para lograr sus metas. Si estás dispuesto a comprometerte, a ser disciplinado y a seguir un camino probado hacia el éxito, estas letras son para ti.

Por otro lado, si buscas una solución rápida, sin esfuerzo, o si no estás dispuesto a desafiarte y salir de tu zona de confort, entonces este libro no es para ti. Este texto no es una varita mágica, es una herramienta para aquellos que están listos para trabajar duro y convertir sus sueños en realidad.

Ahora, si sueñas con llegar más lejos y alcanzar un éxito total, este libro es para ti. No te promete soluciones mágicas ni caminos fáciles, pero sí te va a retar a superar tus límites y enfrentar los desafíos con valentía. Piensa en estas páginas como **un mapa lleno de herramientas útiles** para convertir tus sueños en realidad, con esfuerzo y dedicación. Si estás listo para comprometerte de verdad con tu crecimiento personal y profesional, este libro será como ese amigo fiel que te acompaña en cada paso hacia tus metas.

El tiempo para actuar es hoy. Cada momento perdido es una oportunidad que se escapa. Si sigues la fórmula que te revelo en este libro, transformarás no solo tu negocio en redes de mercadeo, sino también tu vida. Así que abre tu mente, prepárate para desafiar tus creencias y vamos juntos a descubrir tu máximo potencial personal y profesional.

Si estás en busca de una vida mejor y verdaderamente comprometido con ese propósito, entonces cada segundo cuenta. Es hora de sincronizarte con tus sueños, metas y, sobre todo, con tu fe y determinación. Te invito a abrir tu mente, tu corazón y permitir que mis palabras resuenen en lo más profundo de tu ser. Quiero despertar en ti una pasión arrolladora, una determinación inquebrantable que te impulse a perseguir tus sueños con todo tu ser. Decídete a dejar una huella imborrable en este mundo, a nunca retroceder y a avanzar con valentía hacia el futuro que mereces. Hoy es el día que tienes para empezar este camino hacia un mejor futuro para ti y los tuyos. Así que empecemos...

CAPÍTULO 1
DE RAÍCES HUMILDES
A SUEÑOS EXTRAORDINARIOS

El testimonio de mi vida comienza en un pequeño rincón de Zacatecas, México. Era un lugar sencillo, donde todo se sentía tranquilo, como si el tiempo pasara despacito. A pesar de lo poco que teníamos, mi niñez fue muy feliz. Crecí en el rancho, en el campo, cuidando ovejas, cabras y ordeñando vacas. Así recuerdo mis primeros años, creciendo junto con mi abuelo y siguiendo sus pasos, ya que él me enseñó a ser una persona emprendedora, una lección que también aprendió mi papá de él. Yo vivía con mis abuelos, porque mi papá, siendo el hijo menor de la familia, no estaba allí para ayudarles. Así que yo, siendo el hijo mayor de mi padre, asumí la responsabilidad de ayudar a mis abuelos y estar allí. Vivíamos en la misma casa, separada solo por una pared.

Esta cercanía con mis abuelos me ayudó mucho, pues me enseñó a ser una persona de negocios desde temprana edad. Mi niñez la dediqué solo a trabajar y correr por el campo, mas no a tener juguetes. A su vez, asistí a la escuela unos pocos años, apenas terminé la primaria, y no fue por desinterés, fue por falta de tiempo. Mi vida de niño se resumía en hacer el trabajo de adultos en el campo y la agricultura.

Si tenía que ir al campo, la prioridad era esa; al regresar, ya se habían terminado las clases de la mañana. Sin embargo, podía asistir a clases en la noche o en la tarde y así lo hacía. Mi mamá siempre encontraba la manera de ayudarme: si no iba a la escuela por la mañana, me decía que fuera por la tarde; si ya no alcanzaba, entonces me ayudaba —desde la casa— con las tareas y a aprender lo que podía. Por eso, aunque no escribo muy bien, puedo escribir y leer un poco.

Aunque no aprendía mucho en la escuela —por falta de tiempo y asistencia—, cada día adquiría conocimientos al ver a mi abuelo, él fue mi mejor maestro. Mi abuelo era una persona muy productiva y de negocios: compraba y vendía animales, era muy influyente, la gente lo buscaba para pedirle consejos. Mi abuelo fue mucho más que una figura familiar, fue mi guía, mi inspiración, mi héroe. A pesar de haber vivido en una época y en un lugar donde la educación era limitada, él demostró que la visión y el espíritu emprendedor no conoce barreras. Siempre admiré su capacidad para ver oportunidades donde otros veían obstáculos, además de su mente inquieta y constante laboriosidad. Cada día me enseñaba el valor del trabajo duro, la importancia de la perseverancia y la necesidad de nunca dejar de soñar en grande. Todo lo que soy como emprendedor se lo debo a él y su legado perdurará en cada uno de mis pasos. Mi abuelo fue, es y siempre será mi más grande ejemplo de éxito y determinación.

Aproximadamente a los seis años comencé mi primer negocio. En ese tiempo, mi abuelo tenía amigos de otros Estados como Guanajuato, que venían a comprar membrillo en Zacatecas. Aquí, se cosecha principalmente maíz y frijol —debido al clima seco; solo hay cosecha si llueve—. Asimismo, la fruta más conocida en Río Grande —de donde soy— es el membrillo, usado para hacer cajeta.

Muchas personas esperaban a que las compañías lo compraran. Mi abuelo hizo un compromiso con una compañía, pero dijo que no podía hacerlo solo. Como no había quien pudiera ayudarle, me eligieron a mí, a pesar de tener solo seis años. Nunca dije que no, **siempre estaba dispuesto a aprender** y mi mamá siempre estaba conmigo enseñándome a hacer cuentas y todo.

Y bueno, me explicó lo simple y sencillo:

—Aquí está una báscula, aquí está una libreta, lo único que tienes que hacer es entregarles cajas o sacos a las personas que vengan. Diles cuándo pueden traerlos ya llenos, tú se los pesas, los recibes y luego lo anotas. Y diles que tal día van a venir a pagarles lo que hayan traído —dijo mi madre.

Eso fue lo que exactamente hice: tomé una libreta y puse el

anuncio en la bocina de la comunidad. Así, la gente sabía que estábamos comprando membrillo y todos venían.

—Deme sacos, yo necesito diez; otros, veinte; otros, treinta; otros, cincuenta... —decían—. Las personas venían emocionadas Y así, de esta manera, anotaba todo lo que se llevaba cada persona.

Para ese entonces yo tenía seis años, me acuerdo que estaba chiquito, pero mi mamá me supervisaba todo. Exactamente ahí empezó mi primer negocio: se llevaban los sacos, los traían ya llenos y se formaba la fila de personas para pesar su carga. Los poníamos sobre la báscula, de a diez, quince sacos y anotábamos cuántos kilos —o toneladas— trajo cada uno. Así, llenábamos los patios de la casa y luego llegaba la compañía a llenar tráilers —conocidos en México como 'tortons'—; cargaban hasta diez a la vez, pero era tanto que llenaba todo el corral. Lo tengo tan presente como si sucediera apenas ayer. Todo eso me inspira, me emociono mucho al hablar de emprendimiento.

Mi trabajo era registrar cuántas toneladas entregaba cada persona, el peso y cuánto se le pagaba por kilo. De esta manera, calculaba el total a pagar. Entonces, solo quedaba avisar a las personas...

—Hoy van a pagar, echen el anuncio en la bocina. Sí, acérquense, porque a tal hora van a empezar a pagar —anunciaba en la bocina de la comunidad.

Al llegar los dueños de la compañía, ya venían con el dinero en efectivo para pagar.

Nosotros llamábamos a cada uno y me ponían a mí al frente.

—Okey, pues 'X' persona, pase —anunciaba mientras tenía lista la libreta.

De inmediato, se acercaban...

—Okey, usted trajo 'X' toneladas o 'X' kilos; pues 'X' le toca en dinero.

—Sí, perfecto —respondió y les contaba el dinero.

—Aquí está, tenga su dinero; el que sigue... —Realmente ver el rostro de las personas tomando su dinero era muy emocionante; la situación se convertía en una fiesta en todas las comunidades aledañas; todos traían dinero, eran de esos días donde todos podían surtir su mandado en casa y hasta compraban algo más para su familia.

Y así era mi negocio, porque recibía una comisión por cada tonelada o kilo vendido; siempre nos iba bien cada año.

¿Qué sentía yo, siendo tan niño y haciendo eso? Sentía emoción de conseguir dinero para dárselo a mi mamá, porque yo no me quedaba con nada. Ella siempre batallaba para comprar lo básico en casa. Aunque mi papá mandaba algo de dinero desde Estados Unidos, no era suficiente. Y mi abuelo nos ayudaba con lo que podía, pero lo emocionante era contribuir.

Cuando mi abuelo me dijo que me encargaría de ese negocio y así ganaría dinero para comprar lo que quisiera, estaba emocionado. Lo que yo quería era una tabla de galletas saladas con salsa, esa era mi ilusión. No pensaba en juguetes ni ropa, nunca tuve juguetes; mi diversión era ir al río o hacer pequeños pozos en el agua.

Nunca le tuve miedo a nada, crecí sin conocer el temor, aprendí observando a mi abuelo y eso me marcó. En ese primer año, recuerdo cuando el dueño de la compañía vino a felicitarnos porque vendimos como doce tráilers de membrillo, estaba muy contento, pagó bien a la gente y todos estaban felices con dinero en efectivo. Desde entonces, me gusta mucho ayudar a la gente y ver alegría en el rostro de las personas, eso siempre me hace sentir bien.

Otra de las cosas que pasaba en mi trabajo era que varias personas dejaban caer sus costales de membrillo en el piso y nadie los recogía. Ahí vi otra oportunidad de negocio: recogía lo que otros desechaban, llenando diez sacos más. "Estos están aquí tirados", pensaba mientras los juntaba. Era como si fuera recolector, pero sabía que sería dinero para mi mamá.

Ese fue mi primer emprendimiento y, desde entonces, los años siguientes fueron igual de exitosos. Continué con mi negocio desde los seis hasta los doce años. Luego, trabajé en el campo, tenía que cuidar los animales que teníamos, así que ya no pude seguir con mi negocio.

Mientras tuvimos el negocio, poco a poco las comunidades y los ranchos cercanos se enteraron y, en los años siguientes, la cantidad de tráilers de membrillo que comprábamos se duplicó. Nuestro negocio se estableció y sabíamos que nos iría bien. Mi mamá siempre decía que lo estaba haciendo bien y que gracias a eso teníamos para comer.

Lo que mi abuelo me enseñó en esos primeros años fue solo el principio. Cada lección, cada paso en nuestro pequeño negocio era una semilla que, sin darme cuenta, estaba plantando en mi vida. En el siguiente capítulo te cuento la influencia que cambiaría por completo mi manera de ver el mundo y de entender lo que realmente significa ser un emprendedor...

CAPÍTULO 2
LA INSPIRACIÓN
QUE CAMBIÓ MI VIDA

Recuerdo que mi abuela me felicitaba mucho, me decía **que sería un gran empresario, una persona de negocios.** Eso era lo que ella —al igual que mi abuelo—decía al ver mi esfuerzo y empeño; ella me apoyaba en todo momento.

Mi papá también ha tenido un espíritu emprendedor, aprendió de mi abuelo en los tiempos cuando estaba con nosotros. Eso era parte de lo que hacíamos, sí, me refiero a trabajar arduamente en el campo y hacer lo que se pudiera por las comunidades. Mi abuelo era un emprendedor empedernido, le gustaba traer cosas no tan comunes. En esos tiempos era raro ver a los menonitas en el pueblo. Recuerdo mucho esto porque era inusual ver los carros de menonitas, que solo usan en sus campos en Miguel Auza, Zacatecas, donde tienen todas sus colonias.

Mi abuelo se propuso ir a los campos menonitas para comprar

un tractor, pues había escuchado que tenían cosas útiles. Le gustó un carro menonita en particular: estaba cerrado completamente, protegido del agua y el viento, algo no visto en el pueblo, se parecía a los carros franceses, era muy bonito —estoy hablando a finales de los años ochenta—. Entonces, se compró un carro de esos, él lo llamaba 'todo el ajuar', un caballo bayo con un carro negro, muy bien fabricado. Los caballos menonitas son tan mansos que pueden andar entre el tráfico, están muy bien educados, son grandes, como los que vemos en la ciudad.

Cuando mi abuelo lo trajo, comenzó a usarlo y salíamos a pasear, para nosotros era como si fuera un Ferrari para los domingos, eso era para mi abuelo. Los fines de semana viajábamos a diferentes ranchos y toda la gente se asombraba, nunca había visto algo así: un caballo bayo, que caminaba entre la gente, seguía el tráfico y no se espantaba con los autos. Era algo maravilloso.

Eso sí, yo me sentía muy orgulloso de andar con mi abuelo, siempre que estábamos en las comunidades. Gustó tanto, que hasta en el pueblo todos querían tocar y subirse al carro. El caballo era tan educado que no se espantaba si alguien lo tocaba. Luego, las personas empezaron a pedirlo para fiestas, bodas y quinceañeras.

Una vez mi abuelo me dijo:

—Me lo están rentando. ¿Qué hacemos?

—Necesitamos hacer un negocio —le respondí con mucha seguridad.

Y así, con siete años cumplidos, arreando el caballo, iniciamos un nuevo negocio.

—Aquí está la iglesia, van a salir los novios. Ellos te indicarán a dónde ir y tú te encargarás. A tal hora termina la fiesta, yo regreso por ti —me indicó el abuelo con mucha sabiduría.

Yo, con siete años, tenía la confianza de mi abuelo. Iniciamos y, en seguida, me paré en la iglesia, esperé que salieran los novios y, una vez estos se subían al carrito, yo iniciaba mi recorrido. Mi abuelo siempre pedía que alguien del evento estuviera pendiente. Yo me ponía camisa, pantalón y sombrero, un traje típico que me compró mi abuelo y siempre con mis huaraches. ¡Y listo! Todo era alegría. Emprender de esa manera me hizo feliz y lo disfruté muchísimo.

Pues bien, así comenzamos aquel negocio, cada fin de semana teníamos un evento. Sin importar si fuera una fiesta de quince años o una boda, hacíamos el recorrido de la iglesia a su casa o jardín. Todo el mundo estaba feliz, contento, nosotros íbamos en el carrito de menonita con la banda atrás y el caballo. Ese era mi trabajo.

Y así fue como viví esa época de pequeño empresario, desde los siete hasta los diez años, andando con ese caballo hasta que, un día, el animal se enfermó y murió. Eso afectó mucho a mi abuelo y a mí también me entristeció, pero no nos íbamos a quedar de brazos cruzados. Por ello, mi abuelo compró otro caballo —intentando reemplazarlo—, pero nunca fue igual.

Todo esto que narro fue una época muy bonita, esa historia me ayudó mucho a emprender. No era tanto por lo que ganaba, pues todo lo que recibía se lo daba a mi mamá, pero me estaba puliendo, me estaba preparando para poder emprender en la vida.

Yo siempre percibí feliz a mi abuelo, aunque no estuviera conmigo. Él siempre estaba pendiente de mí en una esquina, me miraba a mí y a su carrito cuando andábamos trabajando en los eventos. Él se sentía bien viendo que yo, siendo el niño chiquito, estaba manejando el negocio, ya que mi papá era el más pequeño de sus hijos y yo el hijo mayor de mi padre.

Es duro, pero puedo conectar con ese momento. De solo recordar, se me vienen las lágrimas en este momento que escribo. Lo tengo muy presente en todos los emprendimientos y todas las cosas que hago, siempre me encomiendo a Dios, sabiendo que mis abuelos están allá, con Él, apoyándome. En todos los emprendimientos, todo lo que hago lo llevo a cabo con toda la confianza. Hay una seguridad que sé que me va a ir bien, porque así está destinado. Y si algún negocio no me sale bien, nunca lo veo como una pérdida, sino como un aprendizaje.

Siento dentro de mí ese fuego interno que me impulsa

siempre a echar pa' lante, sin temor —estoy muy seguro de eso—, pues hay un propósito más grande; sé que alguien muy poderoso me está impulsando a ayudar a más gente, a impartir conferencias de impacto, a ser mejor mentor... y siempre me pone oportunidades en frente para seguir adelante. Esa época de andar con el carrito de menonita me ayudó mucho a interactuar con la gente, a no tenerle miedo. Desde entonces, es algo normal en todo lo que hago, fue una escuela tremenda que me está ayudando muchísimo. Cada día, en todos mis emprendimientos, negocios y mi mente, siempre estoy visualizando y creyendo, mi visión se expande cada vez más y más.

Todo lo que viví en esos años me dio una base sólida, un enfoque claro, y un sentido de responsabilidad que pocas personas adquieren tan temprano en la vida. Pero estaba por aprender algo que ni mi abuelo ni mi papá pudieron enseñarme, algo que me enseñaría el verdadero significado de la supervivencia...

CAPÍTULO 3
SIN MIEDO AL FRACASO

Recuerdo un tiempo cuando mi papá fue al pueblo, tuvimos una muy buena oportunidad cuando se estaban repartiendo las tierras en un ejido. En ese tiempo, solo a quienes no tenían terrenos se les daba la oportunidad por un programa del Gobierno. Mi papá ya tenía una tierra a su nombre y mi abuelo también tenía sus tierras. Un día le dije a mi padre:

—¿Por qué no vamos a apuntarnos?

Esto sucedió cuando yo tenía nueve años. Él respondió que ninguno de nosotros calificaba y a la vez cuestionó que para qué queríamos más tierras. A pesar de no recibir su apoyo, insistí, quería una para mí. Mi papá decía que no me aceptarían por ser un niño.

—Mi nieto no pierde nada al ir —sugirió mi abuelo.

De esta manera, subimos a la sierra, todo un día de camino hasta llegar al nuevo ejido llamado El Boyero. Allí, mientras todos los adultos se apuntaban, mi papá les dijo que quien quería inscribirse era yo. Hablé con la persona encargada, expresé mi deseo de inscribirme y, sorprendentemente, me respondieron.

—Muy bien, pon tu nombre.

¡Sí, calificamos para un ejido en la sierra! Esa era la determinación, o mejor, como decía mi abuelo: "¿Qué pierdes? No pierdes nada". Me registré, nos dieron un ejido y allí tuve mi primera propiedad.

Pero de ahí surgieron historias, porque como yo era el dueño elegido, teníamos que ir allá y nos quedábamos en el campo. Llegabas y te establecías por una, dos, tres o cuatro semanas. En ese tiempo, mientras mi papá regresaba al pueblo —que tomaba todo un día por pura terracería—, pasaba días en el tractor. Se podía llevar hasta dos días por carretera; ahora solo se toman horas, ya existen carreteras.

Yo era de quedarme allá. Como yo era el dueño del terreno, mi papá me decía:

—¡Pues tú te quedas aquí!

A veces me quedaba una semana para que mi papá fuera y trajera comida o semillas. No era fácil: si se terminaba la comida, tenía que cazar liebres o lo que llaman codornices. Recuerdo que muchas veces comimos ratas de campo —son muy ricas—. También había que matar víboras. En fin, había que hacer de todo, pero esa era la vida: quedarse hasta una semana cuidando el campamento, solo y cazar para comer, porque si no lo hacía, no comía.

Pues bien, ese fue el reto al que me enfrenté. Y fue un tiempo que no lo vi como sufrimiento, era algo normal, pero era lo que había aprendido a hacer a los nueve años. Ahora que lo veo y lo entiendo, cada reto era un aprendizaje que Dios me estaba poniendo y, en este caso, fue el aprendizaje de la supervivencia.

En aquel tiempo de mi infancia, recuerdo a 'Trini', un muchacho que le ayudaba a mi papá a conducir el tractor. Un día me dijo:

—Se nos acabó la comida. Aquí no se muere nadie de hambre.

Entonces, mostró los montones de nopales secos y me dijo:

—¡Vamos! ¿Ves este caminito?

—Sí —respondí, prestando atención a lo que él decía.

—Ponte justo aquí; yo voy a ir por allá a moverle y por este camino va a venir la comida. Debes estar listo con este garrote, porque tú le vas a pegar y lo vas a matar.

Eso era lo que había que hacer. ¡A pegarle!, pero cuando 'la víctima' venía, pensaba que eran conejos, pero no, eran ratas de campo.

Después de matar unas cuatro, él las empezó a pelar y cocinar en una lumbre como carne asada. Luego de cocinarlas, afirmó:

—Come esto.

—¡Pero esos no son conejos! —respondí.

—Pruébalos —insistió.

Después de varios minutos en las brasas, estaban listas para comer. Así fue como las probé y me gustaron.

—Pero eso no se ve bien, no deberían estar bien.

—Las que no son buenas son las de las casas. Las de campo son silvestres —explicó.

Y así fue como nos las comimos. Desde entonces, ya no las vi tan mal. Las buscábamos, las echábamos en una discada junto con codornices, liebres —todo junto— y las comíamos. Aquella etapa de mi vida fue de mucho aprendizaje y bastante preparación para mi vida, esa fue la escuela que me preparó para lo que luego vendría.

Eso tan solo fue algo. Y sí, tal vez la gente se sorprenda. Ahora se lo cuento a mis hijos y me dicen:

—¿Cómo pudiste hacer eso? ¿Cómo podías comer ratas?

Pero en realidad no tenía información de si era bueno o malo; tanto en el campo como en la sierra esto era normal. Aunque nunca lo había hecho, a través de personas que sobrevivían en el campo, lo hice, todo gracias al sentido de supervivencia.

Si algo aprendí en esos primeros años de lucha en la sierra fue que la vida no te deja mucho tiempo para dudar. Tienes que actuar rápido, tomar decisiones y aprender sobre la marcha. Pero, aunque esos momentos me hicieron más fuerte, no me prepararon para lo que te voy a compartir en el siguiente capítulo. Porque una cosa es enfrentar los retos del día a día y otra muy distinta es mirarle a la muerte de frente. Lo que ocurrió fue una prueba más grande, una que puso a mi familia y a mí al borde del abismo, y de la que, honestamente, no sé cómo salimos vivos...

CAPÍTULO 4
ENTRE LA VIDA Y LA MUERTE

"Los obstáculos que enfrentamos son la evidencia de que aún estamos vivos y luchando".

— ALEXIS ADAME

En ocasiones cometemos errores. Mi papá siempre ha recordado uno en particular y me lo ha comentado varias veces: se arrepiente mucho cuando se le ocurrió cargar troncos de mezquite, pues eran tan grandes que ni con un tractor los podía subir al remolque. En consecuencia, se atrevió a hacer un montón enorme, sobrepasando dos o tres veces la capacidad del remolque y cruzar la sierra para traerlos a casa, con la idea de hacer leña y venderla. Todo esto jamás ocurrió.

Salir por dos días de camino y cruzar la sierra con ese remolque lleno de troncos fue un riesgo enorme. Mi papá tuvo el coraje de arriesgarse a traerlo, pero no solo eso, yo iba arriba. Recuerdo que estuvimos a punto de caernos por un barranco. Mi papá siempre ha dicho que fue un milagro. Nadie entendía cómo un tractor —que pesaba veinte veces menos que el remolque lleno de troncos— fue capaz de controlarlo todo, bajar sin voltearse y llegar sanos fuera del peligro.

Siendo la medianoche, bajando la sierra, yo gritaba sin saber qué hacer. Todo esto fue un error que nos enseñó mucho, pero fue un evento significativo que siempre he recordado, pues demuestra que hay un propósito para uno y que Dios nos protege de situaciones que parecen perdidas.

Esto también fortaleció a mi papá. Siempre recuerdo las palabras de mi abuelo: "Nunca tengas miedo, siempre ten fe. Lo que hagas, hazlo mirando hacia adelante, no tengas miedo". Esto me ha fortalecido, sobre todo cuando he estado en situaciones de peligro. Recuerdo que logramos salir de eso, mi papá me preguntaba si estaba bien, aunque estuviera casi entre los troncos, pero ninguno se cayó, no se volteó nada. Logramos sobrevivir, creo que fue una de las primeras pruebas. Pero hay muchas historias y cada una de ellas me trajo grandes enseñanzas.

Cuando mi abuelo cumplió más años, empezó a perder la vista y ya no veía de noche. En una ocasión, veníamos en un tractor mi abuelo, mis tíos y varios primos. Yo venía al frente, en la parte superior de la llanta, una práctica común en los ranchos. Traíamos pastura para los animales..., pero esa noche nos volcamos. No supe qué pasó exactamente. Mi abuelo perdió el control en una curva. Recuerdo que veníamos tranquilamente y de pronto se sintió el golpe. Mis tíos y primos se quedaron colgados, pero yo fui el que salió disparado. Caí al piso en un lugar donde había muchos vidrios, era un área donde la gente solía romper y tirar botellas.

De repente, me di cuenta que me encontraba debajo del tractor y tenía que salir de ahí lo antes posible. El tractor había quedado ladeado, con el motor encendido y mi abuelo trataba de controlarlo. Yo sentía cómo la llanta del tractor rozaba mi espalda, estaba a punto de aplastarme. Fueron segundos eternos. Desesperado, sofocado, manoteaba para salir, pero sabía que debía escapar rápido porque la llanta me podía despedazar la espalda e incluso matarme.

La llanta no paraba de girar y mi abuelo forcejeaba para controlar el tractor. Yo caí al suelo, pero sabía que no podía quedarme ahí, así que me arrastré como pude en medio de los vidrios. En el lugar de los hechos había una cerca de ocotillos —palos largos con espinas— que tenía que atravesar rompiendo la cerca con mi cuerpo; no supe como lo hice, pero fue la desesperación y determinación de llegar a un lugar seguro que me impulsó a lanzarme. En seguida, empecé a sentir mi oreja izquierda muy caliente y me di cuenta que estaba colgando. Sí, tengo una gran cicatriz que me quedó de aquel entonces...

Cuando me levanté, como pude vi una luz a lo lejos, me paré

y me dirigí hacia allá, sabía que era la habitación de mi abuela. Yo lloraba sin parar, pero no era de miedo, era más como de estar impactado, quedé en *shock*. Solo pude correr y correr hasta que por fin llegué a donde estaba mi abuela.

Al llegar donde estaba ella —yo estaba gritando—, me pusieron en la cara una bacinilla para orinar. Luego, me recostó en su cama con mi cara colgando con dirección al molde y me dijo:

—Esto es para que caiga tu sangre mientras consiguen cómo llevarte al hospital o un médico que te ayude —dijo mi abuela mientras yo me desangraba.

De inmediato, me empezó a dar sueño, pero mi abuela insistía:

¡No te duermas!

Mi abuelo, que ya había controlado el tractor, buscaba a alguien que me llevara al hospital. Yo estaba medio dormido, sentía que no podía más, me faltaba la respiración y las fuerzas se me terminaban. Después del susto, me llevaron al hospital, todavía tenía espinas de ocotillo en la cara. Mi abuelo me contó que crucé la barrera de ocotillos y me llevé todo con la cara; no había entrada, simplemente la rompí.

En realidad no sabía qué hacer, era una situación de supervivencia. Eso también fue un momento significativo. Cuántas pruebas, cuántas cosas pasé tras esa caída tan fuerte, pero no me quedé ahí. Pienso que todo tuvo que pasar así, tenía que sangrar y sobrevivir, y aunque sentía que perdía las fuerzas, luché para que ahí no fuera mi final... El levantarme de ahí y no quedarme tirado, me enseñó que no importaba la caída, no debía quedarme ahí; si lo hubiera hecho, el tractor me hubiera aplastado.

Desde la infancia ya traigo lo que es la pelea de la vida, algo que aplico en los negocios; algo así como la pelea por la sobrevivencia. Prácticamente, me formé en situaciones difíciles, porque cada situación me dejó una enseñanza, lección y preparación para la vida y los negocios.

Ahora entiendo que después de haber enfrentado situaciones donde literalmente la vida y la muerte estaban en juego, aprendí que a veces los golpes más duros son los que te enseñan las lecciones más valiosas. Y aunque logré sobrevivir a esos momentos de peligro físico, lo que vendría después me pondría de nuevo a tambalear: una situación que me obligó a tomar la decisión más difícil de mi vida. En lo que vas a descubrir a continuación, te darás cuenta de que no solo se lucha por sobrevivir, sino también por proteger lo que es más importante para uno...

CAPÍTULO 5

DECISIONES QUE DEFINEN TU DESTINO

Cuando viajé a Estados Unidos, tuvimos una crisis en la familia; ¿y quién no ha tenido este tipo de situaciones que nos hacen tomar decisiones difíciles?

Sin darnos cuenta, mi abuelo empezó a sentir en su garganta un dolor y una bolita que comenzó a crecer, afectándolo tanto que ya no podía comer. Ante esto, decidió ir al hospital. De ahí lo mandaron a otro; de Río Grande a Zacatecas y luego de Zacatecas a la Ciudad de México. Mi mamá lo acompañó hasta la capital de la República, convirtiéndose de ser su nuera a ser como si fuera su hija, porque aunque él tenía hijos, nadie más se hizo cargo.

Así pues, mi mamá se fue con el abuelo a Ciudad de México; yo, con once años, me quedé a cargo de todos los animales y las tierras. María, mi hermana, un año menor que yo, desempeñó el rol de mi mamá, haciéndonos de comer y tareas del hogar. Mientras tanto, Vicky, otra de mis hermanas, se encargó de cuidar a mi abuela, quien a su vez comenzaba a padecer de Alzheimer.

Cuando regresaron del hospital, nos comunicaron que al abuelo le diagnosticaron cáncer. Para ese entonces, en el pueblo nadie conocía qué era el cáncer, era algo desconocido y generaba rechazo. A mi abuelo le dijeron que tenía que empezar tratamiento rápidamente, pensando que tal vez provenía de un golpe recibido cuando era joven.

Y así, de inmediato, mi abuelo comenzó con las quimioterapias. Él llegaba al hospital, lo trataban y volvían a casa. Este proceso duró más de dos años, es decir, para ese entonces, yo cumplí once, doce y trece años. Las visitas se daban cada tres semanas o cada mes. A veces solo volvían por una semana y tenían que regresar.

Después, lo dejaron en el hospital y las visitas se extendieron a un mes. Nosotros nos quedábamos solos todo ese tiempo. Desde los cinco años, mi abuelo ya me había enseñado a manejar el tractor, así que ya sabía andar y trabajar en el campo.

Cuando yo tenía trece años, mi abuelo falleció. Tal noticia nos derrumbó a todos, pues él era el muro que sostenía todo. En aquel tiempo, recuerdo que mi papá trabajaba en Estados Unidos y con el dinero que ganaba ayudaba al abuelo. No obstante, era mucho lo que se gastaba en el tratamiento. Una enfermedad te puede llevar a la ruina.

Mi abuelo era una persona «de los más acomodados» —así le llamamos en el rancho cuando estás bien económicamente—, él siempre fue un emprendedor exitoso. Pero con cada visita al hospital, vendían otra propiedad para conseguir más dinero para el Hospital de Cancerología de la Ciudad de México, que era el único que había en todo el país. Ahí se fue todo, cuando ya se vendió todo, nos quedamos totalmente en la ruina.

De ahí en adelante, todo fue conseguir más y más dinero. Y no todo paraba allí, ahora teníamos un montón de deudas. Lo único que nos quedaba era la casa donde vivíamos. Por último, se hipotecó al banco para obtener dinero. Al final, mi abuelo murió el 11 de enero de 1991. Lo único que teníamos era la casa; de todo lo demás, en el último año se vendió todo. Quedamos en ruina total y endeudados.

Ver a mi papá destrozado al saber que nos iban a quitar la casa fue algo que no podía imaginar. Los acreedores y el banco hablaron con él, tenía un plazo máximo para pagar o le embargaban la casa. No teníamos a dónde ir. Eso me hizo tomar la decisión de decirle a mi papá que yo quería irme a Estados Unidos.

—Solo ayúdeme a buscar quién me pueda llevar, yo me voy a trabajar para ayudar, pero no vamos a dejar que nos quiten la casa —le dije a mi papá, angustiado, a la edad de catorce años.

A través de un amigo de mi papá, él me preguntó si estaba seguro de querer viajar. Yo creía conocer bien a mi padre, pero no lo era tan así, pues no habíamos vivido mucho tiempo juntos, siempre estaba en Estados Unidos. A pesar de ello, yo estaba lleno de la confianza y seguridad que mi abuelo me había enseñado.

—Está bien, acepto —dijo mi padre.

Yo no lo podía creer, no sabía cómo eran las cosas allá, lo único que me motivaba era la misión de trabajar y ayudar a mi familia.

La razón de venir a los Estados Unidos fue la necesidad y no fue fácil lidiar con personas que no conocía. Realmente hubiera querido quedarme en el rancho, pero había una urgencia muy grande y estábamos corriendo contra el tiempo. Mi mamá, aunque nunca me había separado de ella, me apoyó; ella sabía muy bien lo que me había enseñado.

Pero tomar la decisión de venirme a este país fue solo el principio de un camino lleno de desafíos. Lo que me esperaba al llegar a la frontera era algo que jamás imaginé. Pensé que lo más difícil había quedado atrás, y no sabía que estaba por enfrentarme a una de las pruebas más intensas de mi vida...

CAPÍTULO 6
DENTRO DEL VAGÓN
DE LA MUERTE

Recuerdo que estuve un mes en la frontera tratando de cruzar, pero nos regresaron unas diez veces, porque en ese tiempo nos cruzábamos en el tren. Para aquella época, había una canción reciente que resonaba en mi mente: *El vagón de la muerte* —no recuerdo si la tocaban Los Tigres del Norte—. Se trataba de una trágica historia en tren: un muchacho de mi rancho, Abelino, murió en uno de los vagones. La noticia se viralizó y dio a entender que murió en «El tren de la muerte». Yo, que me iba a transportar en tren, era consciente del riesgo, pero la necesidad de llegar pronto a mi destino era mayor, así que solo me encomendé a Dios y le imploré que me permitiera llegar a mi destino y cumplir con mi propósito.

Nos intentaron cruzar por el tren varias veces. A causa de eso, estoy lastimado de mi espalda, nunca me he recuperado completamente. Recuerdo que caí de un alambre altísimo, de unos quince pies de altura, no supe de mí hasta que me levantaron los que venían conmigo. Por si fuera poco, todo eso se hizo como a las tres de la mañana. A esa hora el punto más frío de la noche era en invierno; como a la tercera vez de intentar cruzar, no me sostuve bien y me caí del tren.

Para aquel fallido intento, tuve que brincar de un alambre. Primero, cruzas el río; luego, caminas toda la noche. Descansábamos de día y luego otra vez a caminar. Después de dos noches, llegábamos a un lugar para esperar el tren que a las tres de la mañana empezaba a moverse. Una vez ahí, sí o sí tenías que saltar cuando ya estaba en movimiento mas no cuando estaba estacionado, porque aún lo estaban revisando. Una vez que saltabas y comenzaba a moverse, tenías que correr para agarrarlo y subirte. Esta era la única manera. Sumado a lo anterior, debías saber que alrededor rondaban las patrullas y, si no corrías, no podrías subir y tal vez te atrapaban.

Entonces, cuando estás a pocos metros del alambre —el que está antes de llegar al tren—, te sientes como si estuvieras en el Everest, ¡es altísimo! Esa noche no había luna, estaba totalmente oscuro; en otras palabras, te tiras al vacío y no sabes cómo vas a caer. Esto me pasó la segunda vez que caí al vacío y me sofoqué, ya no me pude mover, solo escuché que mi espalda tronó y sentí un fuerte dolor insoportable. La primera vez brincamos y lo agarramos todo bien. Pero en una parada revisaron el tren y nos bajaron, había como treinta personas, me llevaba un coyote. Y esto se repitió una y otra vez hasta que por fin pudimos cruzar y logramos subir al tren.

También recuerdo que las personas que nos llevaron por allá eran conocidos de mi papá, él no conocía al coyote directamente, así que ellos se encargaron de mí. Pero a la tercera o cuarta vez que nos agarraron, lograron pasar y yo me quedé, es decir, me quedé en medio de desconocidos. Después de varios intentos, logramos llegar hasta donde estaba el tren, aunque previamente habíamos fallado en el intento.

Luego de varios intentos, caí al vacío y de ahí en adelante fue más difícil para mí, ya que mi espalda no estaba bien, no podía caminar con normalidad ni mucho menos correr. A pesar de ello, varias personas de los coyotes siempre estaban pendientes de las personas que se quedaban atrás: uno se iba adelante con los que lograban subir y otro vigilaba hasta asegurarse de que el último emigrante subiera. Eran personas que sí se preocupaban por la gente, lo hacían de una manera diferente.

Otro momento que se me viene a la mente fue cuando una vez traté de subir al tren, aquí tuve que agarrarme muy fuerte y tratar de subir, aferrándome y cuidándome de que no me atraparan las llantas del tren, pero este último avanzaba cada vez más rápido y yo sentía que no podía correr más, así que me solté y caí sin casi poder respirar; a esa velocidad quedas muy golpeado..., pues si te sueltas, te caes. En esa ocasión me agarraron, la patrulla estaba ahí. Cada vez que nos detenían, nos expulsaban; no te dejaban encerrado, solo te sacaban a territorio mexicano.

Tras intentarlo por más de un mes, y luego de unos diez intentos entre pura gente desconocida, logré llegar a San Antonio.

Recién subimos al tren, recuerdo las palabras del coyote:

—Pues muchachos, ya la hicimos, ya logramos subir al tren. Ahora solo queda llegar a San Antonio.

Yo temblaba de frío, sentía terror. Es más, cada vez que escucho el ruido del tren me da escalofrío, eso me marcó para siempre.

Apenas nos subimos, nos metieron en el motor de la máquina y claramente nos dijeron:

—¡Todos derechitos por toda la orilla, adentro de la maquinaria, escuchando todo el ruido de los fierros y todo tan caliente como si fuera fuego, así se sienten los motores, porque solo se puede caminar alrededor! Si viene el maquinista a revisar, ustedes solo quédense quietos. Él solo los va a mirar y se irá, solo quédense quietos. Pero tienen que saber algo y que les quede claro aquí: ¡¡¡el que se duerme, se muere!!! No van a dormir. ¡¡¡El que se duerme, se muere!!!, porque los motores los cocinarán, los tienen frente a sus narices...

No tuvimos más opción que ir así, el recorrido inició como

a las 3:00 a. m. y finalizó a las 6:30 p. m. Llegamos a San Antonio en pleno amanecer. Al pisar tierra allí, tírate y corre, porque ya te están esperando. Y bueno, así fue el recorrido y la travesía. No obstante, ir así: agarrado, de pie, sin dormir, sin poder cerrar los ojos, con el frío del miedo y el calor de los motores de la máquina del tren, todo esto es una locura, vivir esto fue impresionante.

Con todo y eso, el objetivo era uno solo: llegar a San Antonio. Por un momento me detengo en el tiempo y pienso lo difícil y escalofriante que fue estar al frente de esos motores, con frío, con personas que no conoces, yendo a un mundo desconocido, de noche, todo eso a la edad de catorce años, pero con el valor y la fe de cumplir un sueño muy grande.

En ese instante, lo único que quieres es sobrevivir, porque estás en una zona de peligro muy grande, de vida o muerte, y tienes que mantenerte ahí. A pesar del miedo y sufrimiento que tenía, estaba feliz, en ningún momento me quejé por lo que me estaba pasando, al contrario, le agradecía a Dios porque después de tantos intentos por fin iba a llegar a mi destino.

En mi mente aún rondaban las palabras de los coyotes...

—Solo quédense quietos, ya pronto llegaremos. Este tren va a llegar a San Antonio, pero cuando yo les avise, ¡brinquen! ¡¡¡Todos listos para saltar, nadie lo pensaría dos veces: abro la puerta, salgo y brinco, todos abajo, rápido!!! —ordenó el guía.

—Cuando diga "¡brinquen!", tienen que hacerlo correctamente, porque hay otro tren parado y estarán pasando junto a él. No tienen espacio, no se vayan a quedar atrapados, porque si chocan, es el fin. Aquí tienen que brincar derechito y caer en el sitio perfecto.

Toda esa tensión me generó constante peligro, pero al mismo tiempo escuchaba y seguía todas las instrucciones que me daban, todo lo hacía enfocado. Había algo dentro mí que decía: "Escucha, obedece y haz lo que te dicen, porque tu vida está en riesgo y debes escuchar a los que ya conocen".

Después de estar un mes atorado en la frontera, sin dinero, porque lo poco que traía se agotó, y los que me podían ayudar ya no estaban, realmente no sabía que iba a estar todo ese tiempo en tales circunstancias. Por un momento, pensé: "No sé cuánto tiempo pueda pasar, pero traigo lo que más puedo". Y eso era todo lo que tenía: NADA. Los muchachos que lograron pasar ya le habían dicho al coyote:

—Si nos llegan a separar, encárgate de él, porque nos lo encargaron a nosotros —dijo uno de los compañeros, pues yo era el más joven del grupo.

Llegando a San Antonio seguía otro reto, porque alguien tiene que responder por ti. Las personas que supuestamente iban a responder por mí, después de todo ese tiempo, eran unos primos que se metieron en su rutina y se olvidaron de mí. En varias ocasiones los llamé al teléfono que tenía de ellos, pero no obtuve respuesta, no me pude contactar con ellos; a su vez, los llamé al trabajo, pero me contestaban en inglés, es decir, no entendía nada de lo que me decían... Todo esto fue frustrante porque mis primos eran los únicos contactos que me podrían ayudar.

—Si no vienen por ti en los próximos días, te vamos a regresar —advirtieron los encargados del lugar.

Pocos días después, mi papá, que siempre preguntaba a los que iban para allá si sabían algo de mí, se enteró a través de alguien —que también se había ido— que era muy posible que yo estuviera en San Antonio. Entonces, comenzó a buscar, pidió datos de cómo llegar a ese lugar y contactó a personas que, en ese tiempo, empezaban a ir y venir llevando paquetes a México.

Un primo, que estaba empezando en ese negocio —junto con un amigo—, fue por mí. Al mismo tiempo, a mi papá le dieron una dirección donde era posible que yo estuviera. De no ir allí, al menos podrían darle razón de qué había pasado conmigo.

Recuerdo que, pasadas las tres semanas, recibí una llamada en el lugar donde me encontraba; alguien preguntó por mí, pues mis familiares me buscaban. De inmediato, me dijeron que alguien se comunicó, que podría venir por mí y pagar lo que debía, porque si no lo hacía me enviarían de vuelta a México. Siempre estaba bajo amenazas e incertidumbre, hasta que finalmente llegaron por mí.

Mi mayor temor era llegar a ese punto de desesperación, pues nadie aparecía y los nervios se me ponían de punta de solo pensar que me podrían regresar, pues yo estaba en sus manos. En realidad la impotencia entró en mí, tuve miedo de pensar que todo se acabaría. Por fortuna, llegaron por mí. Narciso, mi primo, en compañía de Daniel, su amigo, llegaron al sitio y pagaron la deuda para que me pudieran llevar.

—Súbete, tu papá te está buscando —dijo mi primo.

Mi papá estaba en Zacatecas, les había encargado que me buscaran. Gracias a Dios di otro paso más, me sentí libre y creía que ya estaba más cerca de mi destino.

De ahí me llevaron a Dallas, donde estaban ellos, ese era el objetivo. Ahora, el reto era encontrar nuevas personas que me ayudaran, pues no sabía para dónde ir ni dónde comenzar. Con todo y eso, a mis catorce años de edad, llegué a los Estados Unidos, con un costal lleno de sueños, muchas ganas de triunfar y una gran necesidad que me impulsó a dar cada paso sin rendirme; a pesar de las lágrimas y el sufrimiento, la meta se cumplió y empezaba una nueva etapa en mi vida.

Mis amigos, sin duda, son más las derrotas que las victorias. Cuando llegas a Estados Unidos, te das cuenta rápido que terminas haciendo lo mismo que la gente a tu alrededor. Te sumas a lo que ellos hacen para trabajar, pero sabes que no viniste buscando solo eso. Recuerdo que, en mi pueblo, mi mamá y mi hermana se encargaban de la cocina; mientras tanto, yo cuidaba el campo. Pues bien, ya estando en EE.UU., llegué a lo primero, es decir, directo a lavar platos, ese fue mi primer trabajo.

Respecto al lugar donde vivía, debo decir que compartíamos apartamento con dieciocho personas más, cada uno en un rincón. La mayoría trabajaba en restaurantes, pero a los catorce años no te dan trabajo fácilmente. Sin embargo, un día llegó alguien diciendo que necesitaban trabajadores para la noche, varios de nosotros no teníamos trabajo ni dinero, había mucha necesidad. En realidad necesitábamos trabajar, así que fuimos para allá. Durante tres noches (de 6:00 p. m. a 6:00 a. m.) consecutivas estuvimos moliendo llantas en un molino. Se llegó el día de pago, nosotros, contentos, fuimos a cobrar. Sin embargo, al recibir el cheque y cambiarlo, resultó que no tenía fondos, nunca nos pagaron. La compañía desapareció junto con el contrato de las llantas.

Y así es que llegas a este país, sin conocer la cultura y sin entender el idioma; todos los días es un gasto, te endeudas fácilmente y no tienes la oportunidad de trabajar debido a tu edad. Buscando cómo sobrevivir y salir adelante, recuerdo que obtuve una identificación, pero aun así, no era fácil encontrar trabajo. Busqué cómo ajustar mi edad para conseguir empleo y finalmente entré a trabajar en Don Pablo's, un restaurante ubicado en Irving, cerca de Dallas; mi labor fue como lavaplatos. A pesar de ello, todos los cheques que recibía ya los debía; todo lo que ganaba ya lo debía, además de lo que habían pagado por mí.

Realmente estaba muy endeudado: ya no solamente eran las deudas en México, sino también aquí en Estados Unidos. Tal situación me hacía más duro de carácter para no doblegarme, pues después de todo lo que había pasado, Dios me permitió cruzar fronteras, así que solo era cuestión de tiempo para salir de esa mala situación.

CAPÍTULO 7

ROMPIENDO BARRERAS SIN MIEDO, FUERA DE LA ZONA DE CONFORT

"El miedo es la barrera más grande entre tú y tus sueños. Cruza esa barrera y encontrarás la libertad".

— ALEXIS ADAME

Pasé varios meses trabajando para pagar y pagar deudas. Comencé a comunicarme con mis padres, aunque en ese tiempo una carta tardaba más o menos un mes en llegar y llamar al rancho era complicado, solo había una caseta telefónica. Así era la comunicación en ese entonces. Pero trabajar en un solo lugar no era suficiente, ganaba muy poco, así que conseguí otro segundo trabajo para generar más ingresos. Aquí fue donde conocí a los hermanos Pacas, que al ver cómo trabajaba y que siempre estaba endeudado, me ofrecieron irme a vivir con ellos.

Para 1993, me fui a vivir con ellos; asimismo, para ese tiempo conocí a Teresa, la que hoy es mi esposa. Sin duda, al conocerlos a ellos, empecé a cambiar de rumbo, a salir del círculo de personas de solo trabajar, beber y gastar lo poco que se ganaba. Viendo eso, decidí que quería lograr más. Ambos hermanos tenían una mentalidad diferente: su misión, al pisar tierras norteamericanas, fue venir y hacer dinero, salir de deudas y regresarse a su país (El Salvador) a poner negocios. Dicho y hecho, así sucedió.

Recuerdo que mi padre fue muy estricto conmigo, eso me ayudó mucho; aunque estábamos muy retirados —él en México y yo en Estados Unidos—, mi papá tenía control de mí —a través de las cartas o cuando hablábamos por teléfono—, sumado a que se rumoreaba que yo andaba «en otros rumbos». Pero eso no me importó, desde ese entonces me comencé a acostumbrar a que la gente rumoreara sobre mí y dijeran cosas mías; realmente esas cosas nunca me han importado, así que me hice «de piel gruesa», yo siempre busqué la manera de mantenerme enfocado en mi objetivo, sin que nada me distrajera, sin importar lo que se dijera de mí. Después de hablar claramente con mi papá, me advirtió varias cosas: que no quería enterarse que yo anduviera de borracho, de parranda o malgastando el dinero, porque me llevaría de vuelta.

Mi abuelo me enseñó a respetar mucho a mi papá, quien tenía gran influencia sobre mí. Aunque las cartas tardaran un mes o fuera tan solo una llamada, nunca nunca me involucré en ambientes de borracheras, drogas o fiestas. Jamás en mi vida me he emborrachado ni he consumido drogas. Al ver que el círculo en el que estaba no era lo que buscaba, me alejé de ellos y de todo eso.

Hoy en día, mucha gente de mi rancho puede pensar que me creo más que ellos porque no nos emborrachamos juntos. Pero esa no es la verdad, yo quiero mucho a la gente de mi pueblo, los saludo, pero hasta ahí. No me gusta ese ambiente de trago y desenfreno, aunque tampoco los juzgo. Por eso me alejé, buscando otro tipo de personas que pudieran aportar algo a mi vida.

A mis catorce años, la panorámica durante esos primeros meses y luego años de duro trabajo era la siguiente: estaba en un lugar nuevo, con gente nueva, experimentando algo nuevo a tan corta edad, en un país y una cultura completamente diferente; trabajaba y me enfoqué en pagar deudas, viendo el dinero llegar y desaparecer.

Querido lector, seguramente te preguntarás: ¿cómo una persona puede trabajar tan duro para solo pagar deudas? Lo mismo me pregunté, reflexioné y decidí que así no iba a lograr nada. Necesitaba ayudar a mis padres, no gastar más dinero. Al hablar con estos amigos, me dijeron:

—Si quieres, páganos una parte de la renta.

En total había cuatro personas: dos hermanos y dos amigos. Sin dudarlo, me mudé con ellos y ahorré un dinero en cuanto a la vivienda. Ellos no eran de salir, coincidimos en el trabajo y regresábamos juntos a casa. Me puse en el plan de enfocarme solo en trabajar y ahorrar dinero para así salir de deudas.

Los fines de semana, mientras otros compañeros de trabajo se quedaban a beber, nosotros nos íbamos a casa. Como no tenía carro, los primeros meses caminábamos unas dos horas en la noche hasta llegar al apartamento, casi de madrugada. Durante el día íbamos en autobús, pero a la 1:00 a. m., después de limpiar el restaurante, no hay nadie quien te lleve a casa, así que no teníamos alternativa que caminar. Así pues, en estas condiciones, llegábamos a casa toda la semana, arriesgando la vida en un entorno desconocido, pero el deseo y el sueño de lograr mi objetivo me hacía no hacerle caso al miedo.

Así pasaron esos días, enfocado solo en trabajar y salir de deudas. Cada paso que daba, cada centavo que ahorraba, era un pequeño triunfo en medio de la adversidad. A veces, el cansancio y la rutina se volvían insoportables, pero la voz de mi abuelo resonaba en mi mente: "No te rindas, no te detengas". Y así seguí, sin aflojarle, porque sabía que todo ese esfuerzo valdría la pena.

Pero, querido lector, justo cuando pensé que las cosas comenzaban a mejorar, el destino me puso otro desafío. A veces, parece que cuando más te esfuerzas por salir adelante, más pruebas te pone la vida. Y ahí estaba yo, enfrentando un nuevo reto, uno que me enseñaría que, aunque el camino esté lleno de obstáculos, siempre hay una manera de superarlos.

Acompáñame en el siguiente capítulo, donde te contaré cómo, con esfuerzo y determinación, logré encontrar mi propósito y dar el primer gran paso para salir del hoyo. Porque aunque la tormenta arrecie, siempre hay una luz al final del túnel... y esa luz estaba por encenderse.

CAPÍTULO 8
DETERMINADO AL ÉXITO SIN EXCUSAS

Cuando me mudé con estos amigos, finalmente me estabilicé en un trabajo donde ellos me ayudaban. Poco a poco logré comprar mi primer carro, un Buick de los setenta, una «lanchota», pero estaba feliz porque al fin había conseguido mi primer vehículo para ir al trabajo. Así empecé esos primeros años, cambiando de ambiente, trabajando muy duro y manteniéndome alejado de los vicios y de cosas que no me harían bien. Después de pagar todas las deudas, seguí trabajando para empezar a ayudar a mis padres, a salir de todas sus deudas y recuperar la casa donde ellos vivían. De esta manera, descubrí mi principal propósito.

Cuando compré mi vehículo, sentí una gran emoción. Me habían dicho que tenía un motor muy potente y, que a pesar de ser un modelo antiguo, me duraría mucho. Aunque consumía bastante gasolina, lo importante era tener un medio de transporte propio para evitar subir al autobús y no tener que caminar de noche, exponiéndome a peligros después del trabajo, pues siempre nos encontrábamos con la policía durante nuestras caminatas nocturnas; es más, creo que ya nos conocían, ya que todos los días llevaba el uniforme del restaurante para que vieran que salíamos de trabajar.

En verdad estaba feliz de haber logrado esa meta. De inmediato, recordé lo que mi papá siempre me había dicho: "Cuando ahorres, podrás comprar tu carro". Él conocía los peligros que enfrentaba. Mi papá, quien también vivió aquí toda su vida, comprendía bien esos riesgos. Comprar ese vehículo fue una verdadera alegría y emoción para mí... ¡Era tener por primera vez un vehículo propio!

Después de varios meses, por fin pude pagar todas mis deudas. Los primeros cheques no los pude enviarlos a mis padres, pues me los arrebataron con los que vivía inicialmente; no era dueño de lo que ganaba, estaba esclavizado a las deudas que se habían hecho por mí. Pero ya cuando logré tener un poco de dinero, unos ochenta dólares libres, pude mandárselos a mis papás, me sentí cumpliendo el propósito por el que había venido. Sabía que les ayudaría mucho. Mi mamá me escribió y agradeció porque con el dinero recibido les había ayudado muchísimo para pagar deudas.

Mi papá, en México, también se esforzaba para generar ingresos, pero las deudas eran enormes. La enfermedad de mi abuelo había arrasado con todo y nos dejó en la ruina total. Por su parte, ya en Estados Unidos, mi vida se convirtió en trabajar sin cesar, sin tiempo para fiestas o diversiones, solo enfocado en el trabajo: uno, dos, tres empleos, todo era trabajar.

En esos años conocí a mi actual esposa, quien en ese entonces era mi amiga y aún estaba en la escuela. Éramos vecinos en los mismos departamentos. Ella llegaba de la escuela y se ponía a hacer tarea mientras yo regresaba del trabajo. Comenzamos a hablar y así surgió nuestra larga amistad.

A través de ella conocí a sus hermanos. Aunque no vengo de una familia de músicos, siempre me ha gustado la música. Ellos estaban formando un grupo y, al acercarme, me integré, aprendiendo a tocar las percusiones. Esto se convirtió en mi hobby, algo que hacía aparte del trabajo, un punto de escape donde podía practicar y disfrutar de la música. Ahí comenzó mi carrera en la música...

En este momento, que estoy contando mis inicios, se me desbloquean archivos mentales que ni siquiera imaginé que tenía guardados en lo más profundo de mi mente y corazón; siento un nudo en la garganta y que mi corazón se acelera, porque cada paso y cada decisión que tomé me marcó mi vida para siempre. Ahora, tras el paso del tiempo, me encuentro en Estados Unidos, adaptándome. Aparte de conocer a mi esposa, descubrí nuevas relaciones, amistades y situaciones.

De igual forma, he luchado mucho para salir adelante. He mencionado que siempre hay situaciones que nos llevan a otro lugar. Realmente me conmueve y me destroza el alma la despedida de mi abuela antes de venir a Estados Unidos. Tal suceso lo recuerdo mucho y lo tengo muy presente, jamás se me olvida esa mirada, esas palabras, esos ojitos llorosos y esa voz quebrada saliendo de sus labios temblorosos que me decía: "No te vayas". Ella me dijo palabras que quedarán grabadas en mi mente para siempre: "Si tú te vas, aquí nos despedimos tú y yo". Aun así, me dio su bendición y me despedí de ella, con la promesa de regresar pronto. Y eso es lo que me martiriza hasta hoy, me refiero a no poder cumplir esa promesa que le hice, pues mi abuela falleció y yo no pude verla con vida, eso es algo que por varios años me hizo sentir con mucha culpa, sobre todo porque las últimas palabras de mi abuela tuvieron que ver conmigo; en medio de su agonía, preguntaba por mí, deseaba que yo estuviera ahí junto a ella. Todo esto pasó en 1996.

Por otro lado, para ese entonces ya tenía mi carro, trabajaba y ayudaba a mis padres. Teresa y yo ya éramos novios y planeábamos un futuro juntos, aunque ella quería terminar su colegio y yo buscaba avanzar, ya que quería dejar los trabajos en restaurantes y encontrar mejores empleos para de ahí comenzar mis propios negocios.

En los ensayos con el grupo musical, llegaban personas a vernos, entre ellas unos electricistas que trabajaban en la construcción y ganaban bien. Se pasaban un rato con nosotros durante los ensayos. Uno de ellos me recomendó y me llevó a trabajar a la construcción, lo que me permitió salir de los restaurantes. Comenzar en la construcción fue un gran cambio para mí, pues ganaba más dinero que trabajando en los tres restaurantes al mismo tiempo. No fue fácil, pero mi amigo Gabriel, quien me recomendó, se convirtió en mi mentor en este nuevo trabajo, él me ayudó mucho.

Estoy muy agradecido con Gabriel Torres, él fue quien me involucró en el mundo de la construcción y la electricidad. Esto sucedió a principios de 1996, sin embargo, en agosto, recibí una noticia que me destrozó: el fallecimiento de mi abuela. Me enteré de tan terrible suceso en septiembre, un mes después, porque mi familia no quería que yo supiera, sabían que eso me derrumbaría totalmente y no querían eso ni causarme dolor, sabiendo lo que había sufrido para llegar a Estados Unidos. Aunque tenía tíos aquí, se decidió no informarme inmediatamente. Mi mamá me explicó que no querían preocuparme, por lo que decidieron no decir nada.

Ese momento fue muy duro para mí. Justo cuando sentía que las cosas comenzaban a mejorar y que estaba ganando fuerza, esa noticia fue un golpe devastador que me hizo sentir como si se acabaran las razones para seguir adelante. Al saber de la muerte de mi abuela, me reproché a mí mismo si había valido la pena estar en Estados Unidos o si cometí un error al dejarla a ella, a mis hermanos, a mis padres en México. En verdad no tenía respuesta, solo sentí resentimiento.

En ese entonces perdí la razón principal por la que había emigrado: evitar que les quitaran la casa y no saber a dónde llevaríamos a mi abuela. Esto me llevó a guardar un resentimiento hacia mis padres por no haberme informado sobre su fallecimiento. Me distancié de ellos, no por mucho tiempo, quizás unos seis meses, durante los cuales me centré solamente en trabajar. La motivación principal había desaparecido, pero seguí enviando dinero a casa, aunque en menor cantidad, manteniendo el compromiso que había hecho.

Mi relación con mis padres comenzó a tensionarse, enviaba menos dinero y me enfocaba en el trabajo. Sin embargo, a comienzos de 1997, mi papá vino a buscarme. No sé cómo lo hizo, pero llegó. Me encontró con mis amigos salvadoreños. Esto marcó un punto de reflexión y reorientación, que era muy necesaria. Y así, de repente, tenía a mi padre frente a frente, yo no lo podía creer ni tampoco asimilar, era como si nunca hubiera tenido papá. Ya había pasado mi adolescencia, me encontraba en otra etapa muy diferente, estaba sediento de estar junto a mi padre y ahora podía hablar con él, con un amigo, pues él vino específicamente a llevarme a ver a mi mamá, cumpliendo una promesa que le había hecho: si yo no regresaba, él vendría por mí. En ese momento, me di cuenta que no quería repetir con mi madre lo que había pasado con mi abuela.

Ese mismo año accedí a regresar junto con mi padre, pero necesitaba liberar todas las emociones reprimidas. Aunque no crecí muy apegado a mi papá, sino más bien a mi abuelo, llevaba mucho peso emocional. Tuvimos una conversación muy profunda, respetuosa, de varias horas, en la que pude desahogarme y expresar todo lo que había estado guardando: desde el resentimiento hasta mis experiencias y los riesgos a los que me había enfrentado como niño y adolescente, además del sufrimiento que viví mientras aprendí a ser hombre a la edad de un niño. Quería que me escuchara, necesitaba liberar todo eso que llevaba dentro. Pienso que muchos jóvenes sienten resentimiento, culpabilidad, odio, coraje y tantos malos sentimientos, que sus padres no se imaginan nada de esto.

Volviendo a la conversación con mi padre, ambos terminamos entre lágrimas. El resentimiento se desvaneció y nos reconciliamos, acordando no volver a tocar el tema. Decidimos enfocarnos completamente en generar la mayor cantidad de dinero posible, le mostré lo que había ahorrado y se lo enviamos a mi mamá. Luego, junto con mi papá, decidimos que era momento de mudarnos a un nuevo departamento para tener un espacio propio. Mi padre se dedicó a dos empleos: uno en la construcción y otro en un restaurante; mientras tanto, yo seguía en la construcción, trabajando de sol a sol, además de tocar en el grupo musical.

Ese año, Dios nos bendijo enormemente y logramos saldar todas nuestras deudas. Incluso, pudimos comprar una camioneta para mi padre, pues había perdido la suya. Se acercaban las fiestas decembrinas y, en pleno Fin de Año, regresé a México, con el fin de renovar las relaciones familiares y comenzar una nueva etapa de contribución y crecimiento. Mi padre reconstruyó su patrimonio en México, mientras yo continuaba el mío en Estados Unidos.

Con este proceso aprendí mucho, fue una lección de vida para mí y un nuevo comenzar, libre de cualquier mal sentimiento. Aunque la pérdida de mi abuela fue un duro golpe, me impulsó a seguir adelante y tener una razón para nunca darme por vencido, pues ella murió sabiendo lo que siempre me decía, que yo sería un gran empresario. Y esta vez no le fallaría. Aunque aún me duele recordarla, veo la imagen de mi abuela siempre animándome, motivándome. Además, también tengo a mi abuelo, es mi mayor ejemplo de lo que es ser un gran emprendedor, es mi motivador y mentor. Ellos, junto con mi papá y mi mamá, que aún los tengo vivos, siguen siendo la razón de mi lucha y esfuerzo; día tras día soy un rinoceronte imparable. Parece increíble, pero mi fuerza y habilidad mental tienen un efecto sobrenatural. Te doy gracias, Dios, por los abuelos que me diste, por mis padres y por toda mi familia.

CAPÍTULO 9
LIDERANDO EN MODO
DE MONTAÑA RUSA

En 1998 me dediqué enteramente al trabajo y ya para finales del mismo comencé a traer a mis primeros hermanos a Estados Unidos. De igual forma, mi esposa y yo nos fuimos a vivir juntos y en 1999 nació Alex, mi primer hijo. Ese mismo año adquirimos nuestra primera casa, preparándonos para la llegada de mis hermanos. Quería ofrecerles una vida mejor, pero esto significaba separarlos de mis padres, en México, lo que también me trajo cierta culpa, especialmente al sacar al más pequeño de su entorno familiar. Separar a mi hermano Arturo de mi madre, siendo un niño de seis años, fue una decisión dura y difícil.

Mi esposa y yo asumimos el rol de padres, asegurándonos de que se integraran en la escuela y empezaran a estudiar y construir su futuro aquí. A pesar de ofrecerles mejores oportunidades, en este país la decisión implicó una gran soledad para mis padres, ya que desde el momento que me traje a todos mis hermanos ellos ya no regresaron, pues estudiaron e hicieron su vida en EE.UU., cada uno tiene su propia familia y mis padres se quedaron solos.

Quién lo diría, ya han pasado más de veinticuatro años hasta el día de hoy que escribo este libro. A estas alturas de la vida me pregunto si el precio que pagaron, es decir, esa soledad, recompensa o equilibra el éxito y las nuevas vidas que mis hermanos han podido construir.

Mis hermanos empezaron a trabajar y a estudiar, mientras que Vicky, mi hermana, decidió dedicarse completamente al trabajo, siguiendo la tradición y el ejemplo de esfuerzo que aprendimos desde pequeños con mis abuelos. Esta fase marcó el inicio de una nueva etapa en nuestras vidas, enfrentando las responsabilidades de la adultez desde muy jóvenes.

En el 2000 logré que mis padres vinieran a Estados Unidos. Fue un momento de realización para mí, pues pude reunir a toda la familia: mis padres, mis hermanos, todos estaban conmigo; además, la economía estaba excelente, todo estaba muy bien, era como para cerrar ese ciclo y comenzar uno nuevo. Sin embargo, en el 2001 se nos vino una crisis muy grande, fue cuando pasó lo de las Torres Gemelas.

En ese período perdí la casa. Mis hermanos ya trabajaban y podían mantenerse independientemente, pero también enfrentaron sus propias luchas. Las envidias de otros comenzaron a surgir, esas acciones que te desean lo peor:

hay gente en la cual confías y ayudas, pero luego te das cuenta que son las personas que más daño te hacen.

Me encontré en una situación complicada con mi patrón de aquel entonces, lo que desencadenó una serie de desafortunadas situaciones: perdí mi casa, mi trabajo y, por un tiempo, mi libertad. En medio de esta tormenta estaba mi hijo, quien no entendía lo que estaba pasando.

Nos vimos obligados a vivir dentro de nuestro vehículo, sin un verdadero lugar a dónde dormir. Todo esto te lo explicaré en detalle más adelante.

Lo que sí quiero hacer notar es que en todo ese mar de incertidumbre, mi esposa Teresa fue mi faro de luz, siempre alentándome, asegurándome que superaríamos juntos ese torbellino de adversidades. El 2001 se convirtió en un año de enormes desafíos, una prueba constante de nuestra fuerza y determinación.

Pero a veces, cuando crees que todo está en su lugar, la vida se encarga de sacudirte de nuevo y recordarte que los verdaderos desafíos apenas comienzan. En medio de todo ese caos, con mi familia fragmentada, el peso de mis decisiones sobre mis hombros y el dolor de ver a mis padres solos en México, no imaginaba lo que estaba por venir. Todo lo que creía seguro se desplomó en un instante y me dejó en la cuerda floja, sin saber si podría sostenerme.

Justo cuando piensas que has tocado fondo, la vida te empuja un poco más abajo, como para ver de qué estás hecho. Porque la verdadera prueba no es cuánto puedes aguantar, sino qué haces cuando parece que ya no hay salida. Y es en esos momentos, cuando más oscuro parece el camino, que debes apretar los dientes y seguir adelante.

Lo que te voy a contar a continuación cambió el rumbo de todo y fue cuando entendí que, a veces, el mayor impulso viene justo después de la caída más dura.

CAPÍTULO 10
CRUZAR EL INFIERNO PARA LLEGAR A LA TIERRA PROMETIDA

A pesar de aprender a sobrevivir, durmiendo dentro de mi carro, durante mis días en los restaurantes la sensación de enfrentarme a esa misma realidad fue muy diferente, pues ya tenía un hijo... y eso sí que te cambia todo. Solo verlo me partía el corazón. Él se convirtió en la fuerza motriz para luchar con más ganas. Prácticamente me encontraba luchando por nuestras vidas en esa situación. Mi hijo, más que todo, se convirtió en mi razón para perseverar.

Mis hermanos ya estaban establecidos en ese momento, el desafío era solo mío y de mi familia inmediata. No podía encontrar trabajo, todo estaba bloqueado, nadie me daba oportunidades. Ante la adversidad, no podía darme el lujo de desmoronarme.

Cuando trabajaba con mi expatrón, comencé a conseguir mis propios trabajos. Aceptaba todo lo que saliera, desde pequeñas reparaciones hasta proyectos más grandes. Al principio, pensé que estaba haciendo lo correcto, tratando de construir algo para mi familia, algo que nos diera estabilidad. Pero para mi expatrón fue como si le estuviera quitando su sustento. Se sintió traicionado, como si yo le estuviera pisando los talones. Primero, comenzó con miradas frías y comentarios cortantes; al final se convirtió en un complot que nunca imaginé.

Nunca olvidaré la noche en que la policía llegó a nuestra puerta. Recuerdo la confusión en los ojos de mi hijo mientras me llevaban. Esa mirada retumbaba en mi cabeza todo el camino hasta la comisaría. Sentado en esa celda fría, mi mente no podía dejar de dar vueltas. ¿Cómo había llegado hasta aquí? Solo quería darles un futuro mejor a mi esposa y a mi hijo. Y ahora, por tratar de salir adelante, me encontraba en el lugar más bajo de mi vida.

El día de la visita en prisión fue uno de esos momentos que me marcarán para siempre: mi hijo, con sus manitas pegadas al cristal, lloraba porque no podía abrazarme. ¡Dios, cómo me dolía verlo así! Traté de sonreírle, de darle esperanza, pero por dentro me estaba desmoronando. ¿Qué clase de padre era yo? Había perdido todo: el negocio, la libertad, pero lo que más dolía era la mirada de mi hijo. Me miraba con esos ojitos llenos de lágrimas, preguntándose por qué su papá estaba ahí, del otro lado del vidrio, como un criminal. Y aunque yo no podía decirle la verdad, solo quería gritarle que todo esto era una trampa, que yo no era culpable. ¿Pero de qué servían las palabras cuando lo que él necesitaba era sentirme cerca?

Fue en ese momento, viendo sus ojos llenos de dolor, cuando algo dentro de mí hizo clic. No podía permitirme caer, no podía dejar que ese fuera el final de mi historia. Saldría de ahí, no importaba cómo, pero lo haría. Tenía que demostrarle a mi hijo que su papá no se rendía, porque la verdadera batalla no era contra mi expatrón ni contra el sistema que me había puesto en esa celda, la verdadera batalla era contra la desesperación que me quería hacer pedazos, la que intentaba arrancarme la fe y la esperanza.

Cuando se me comprobó que era inocente y salí de prisión... ya no era el mismo hombre. Salí con una determinación que nunca antes había sentido. Me prometí a mí mismo —y a mi hijo— que no me quedaría en el suelo. No importaba cuántas veces me empujaran, cuántas veces me cayera, siempre me levantaría, porque la vida no se trata de cuántos golpes puedes evitar, sino de cuántos puedes soportar y seguir adelante.

En esos momentos de flaqueza, recordaba las palabras de mi abuelo: "Cuando sientas ganas de rendirte, muévete, actúa, no te quedes paralizado". Y eso hice. Me moví, actué, encontré la forma de salir adelante. Ese día, frente a ese maldito cristal, entendí que mi fuerza no venía de los éxitos ni de los fracasos, sino del amor que sentía por mi hijo, de ese deseo profundo de ser un ejemplo para él, de demostrarle que, aunque la vida te golpee, siempre puedes levantarte.

Así como no me quedé tendido en el suelo aquella vez que me caí del tractor, asimismo actué. No me quedé ahí en el piso pensando: "¿Me levanto o no me levanto?". ¡No! Era actuar rápido. Cuando se toca fondo y pensamos que todo está perdido, **es cuando más fuerza debemos sacar para impulsarnos y salir adelante**.

Gracias a Dios se pudo comprobar que yo no era culpable de lo que se me acusaba y pude salir en libertad. Desafortunadamente, después de ahí, tuvimos que vivir todavía por un tiempo dentro de mi carro. Esos años fueron muy difíciles: el trabajo escaseaba, no había manera de conseguir un buen empleo en la industria, todo el sistema estaba bloqueado en lo que yo sabía hacer. Debía buscar una salida y rápido, encontrar una nueva forma de avanzar.

Recuerdo que, en esos días, todo parecía gris. No era fácil levantarse cada mañana sabiendo que no tenía un lugar seguro para dormir, que cada día era una lucha constante por sobrevivir. Pero había algo dentro de mí que no me dejaba rendirme. Era esa pequeña voz que me recordaba que, aunque la tormenta fuera fuerte, siempre hay una salida. No podía permitirme quedarme en el suelo; debía encontrar la manera de salir adelante. Y esa fue la razón por la que empecé a probar todo tipo de cosas, incluso aquellas en las que nunca había pensado.

Tuve que hacer otras cosas que no tenían nada que ver con mi especialidad. Empecé a vender publicidad para una radio y aprender otras cosas. Pusimos un puesto en la pulga y abrimos un negocio. Gracias a todo eso, me convertí en un emprendedor y, al mismo tiempo, obtuve fortaleza como de hierro. No tenía manera de emplearme en mi campo, así que tuve que hacer de todo mientras se aclaraba el panorama. Eso fue en el 2001. Posteriormente, salí a México y, al regresar, seguí en lo de la música, que era lo poco que me dejaba un ingreso. Aunque estaban pasando todas esas situaciones, no dejaba mis responsabilidades en la música, siempre cumplía con todo, pero seguía mal económicamente. Buscando mil maneras, mi esposa y yo juntamos lo poco que ganábamos para rentar un apartamento y empezar de cero otra vez.

Al estar en esa situación, recordaba cómo mi abuelo, con su paciencia y perseverancia, había sacado adelante a su familia en momentos de crisis. Me enseñó que no importa cuántas veces caigas, lo importante es cuántas veces te levantas. Así que, en medio de las dificultades, decidí que no iba a permitir que las circunstancias definieran mi destino. Sabía que tenía que hacer algo, cualquier cosa, para salir de ese bache.

Empecé a trabajar en cosas que nunca imaginé. Una de ellas fue la venta de artículos en la pulga. Ahí, con mi esposa, pasábamos los fines de semana vendiendo desde ropa hasta utensilios de cocina. Aprendí a vender, a negociar y descubrí que, aunque no era fácil, cada pequeño logro nos acercaba un poco más a salir de esa situación.

Algunas noches, después de cerrar el puesto, me sentaba en la parte trasera de la camioneta, exhausto, pero con la satisfacción de haber hecho algo por mi familia. Mi hijo era pequeño y no entendía mucho lo que pasaba, pero verlo dormir tranquilo me daba fuerzas para seguir adelante.

Recuerdo una noche en particular, cuando la venta había sido especialmente buena. Mi esposa y yo nos sentamos en la parte trasera de la camioneta, contando los billetes uno por uno. Era poco dinero, pero en ese momento era todo lo que teníamos. Nos miramos y, aunque no dijimos nada, ambos sabíamos que íbamos a salir adelante, que no importaba cuántas veces nos cayéramos, siempre nos íbamos a levantar.

Y así fue como, poco a poco, fuimos superando esa etapa. Cada pequeño éxito, cada cliente satisfecho, cada peso ganado era un paso más hacia nuestra meta. Fue un tiempo de mucho aprendizaje, no solo en el aspecto económico, sino también en el personal. Aprendí que, cuando las cosas se ponen difíciles, no hay que rendirse, al contrario, es indispensable buscar soluciones, adaptarse, reinventarse si es necesario, pero nunca rendirse.

Esa experiencia me dejó muchas enseñanzas que, hasta el día de hoy, sigo aplicando en mi vida. Me enseñó que no importa lo que pase, siempre hay una manera de salir adelante. Y eso es lo que quiero compartir contigo, querido lector: que no importa cuán difícil sea la situación, siempre hay esperanza, siempre hay una salida. Lo importante es no rendirse, seguir adelante con la fe de que todo va a estar bien.

Al final, logramos salir de esa situación. Con esfuerzo y perseverancia, conseguimos rentar un pequeño apartamento, un lugar al que finalmente pudimos llamar hogar. Fue un logro pequeño, pero para nosotros fue el inicio de una nueva etapa donde dejamos atrás la incertidumbre y empezamos a construir un futuro con más estabilidad y esperanza.

Pero la vida siempre tiene formas de sorprenderte y, justo cuando crees que todo empieza a mejorar, llega otro desafío que te pone a prueba de nuevo. A veces, esos giros inesperados son los que te preparan para algo mucho más grande, algo que ni siquiera te imaginas. Fue en medio de esa aparente estabilidad cuando surgió una oportunidad que, sin saberlo, cambiaría el rumbo de todo lo que conocíamos.

¿Cómo tomas la decisión correcta cuando todo parece tan incierto? ¿Cómo descubres que ese paso, que parece tan pequeño, en realidad es el comienzo de algo gigantesco?

Lo que sucedió a continuación no solo nos sorprendió, sino que nos llevó a un camino que jamás habríamos imaginado...

CAPÍTULO 11
APRENDIENDO Y PRACTICANDO LA FÓRMULA DEL ÉXITO

En el 2002 ya teníamos operando el negocio en la pulga. Luego, mi esposa, al ver la necesidad de ayuda legal para los latinos, decidió trabajar con abogados para ayudar a la gente, ya que batalló mucho cuando necesité de esto. Así, ella tenía su trabajo y empezó de nuevo desde abajo, pero con una visión diferente. Yo ya no quería ir a trabajar a la construcción como empleado, era tiempo de hacer trabajos como independiente, ya que se había aclarado todo el problema que me había hecho perderlo todo y arrancar de nuevo.

Recuerdo que en uno de los trabajos conocí a José, un muchacho que me invitaba constantemente a unas «reuniones». Pero yo era de trabajar de 6:00 a. m. a 10:00 p. m., todos los días. Sin embargo, al mejorar la situación económica, empecé a ver a mi hijo solamente cuando dormía, pues yo llegaba muy en la noche, no lo veía de lunes a viernes, tan solo lo podía hacer el fin de semana, pero incluso así, era poco tiempo, pues eran los días donde me iba a trabajar en mi negocio de la música. Llegó un momento en el que pensé: "Esto no es lo que quiero, estoy haciendo esto por mi hijo y no estoy pasando tiempo con él". En seguida, comencé a sentirme mal, incómodo con la situación, así que se me ocurrió la idea de encontrar algo mejor, que me diera la oportunidad de ganar dinero y compartir más tiempo con mi hijo.

Un día, José se acercó a mí y me manifestó:

—Si vas tú junto con tu esposa, les va a gustar. Vayan, van a aprender algo.

No me había dicho nada antes, pero me lo encontré en un trabajo y le pregunté:

—¿Todavía tienes esas reuniones que mencionaste?

—Sí. ¿Ahora sí vas a querer ir?

José me había invitado muchas veces, así que le respondí.

—Sí, dame la dirección.

Pues bien, decidimos ir, salí temprano del trabajo y asistimos a esa reunión sin saber qué esperar.

Allí fue donde por primera vez descubrimos un ambiente diferente y comenzamos a conocer la industria, aunque no profundamente, pero fue el inicio. Se trataba de una reunión de la compañía Amway. Ahí percibimos un ambiente positivo y fue la primera vez que escuché hablar de sueños y metas, lo que me conectó con la visión, el sueño y la razón del por qué vine a Estados Unidos, después de tantas caídas y fracasos, además de creer que todo siempre sería lo mismo. En aquel lugar por fin escuché una voz que me dijo: "Tú puedes lograr tus sueños y tus metas, solo tienes que seguir creyendo y seguir en la búsqueda; no te rindas, sigue avanzando". ¡Wow! Eso fue muy impactante para mí, fue como si mi llama interior se encendiera cada vez más, no podía dormir en las noches al pensar y planear en todo lo que quería lograr y hacer para alcanzarlo.

Lo interesante de todo esto es que el negocio en sí no fue lo que me atrajo inicialmente, sino el sistema: los audios, los libros, la sabiduría y el conocimiento que empecé a adquirir; comencé a leer mucho, lo que generó una explosión de ideas en mi mente. A su vez, me reencontré conmigo mismo: desde mi niñez, cuando mi abuelo y mi mamá me motivaban a ser una persona emprendedora y de negocios, ya tenía el espíritu de emprendimiento, solo necesitaba pulirlo.

En 2003 conocimos la compañía Excel Comunicaciones, especializada en la venta de servicios de larga distancia, un negocio muy exitoso para aquella época. Su producto principal era el servicio de llamadas internacionales, lo que era muy útil para comunicarse a México, dadas las altas tarifas de ese entonces. Comenzamos a desarrollar ese proyecto y a dar nuestros primeros pasos.

A mi esposa la invitaron, no recuerdo cómo la contactaron, solo sé que el que nos invitó, fue a la casa, nos dio la información, registró datos, nosotros le dimos un cheque y nunca lo volvimos a ver. ¡Síííí! El tipo se quedó con el cheque, lo cobró y nos robó. Luego, teníamos la dirección de la reunión, fuimos y empezamos a buscar a «César».

—¿Ustedes conocen a César? —preguntamos mi esposa y yo.

—¿A quién buscan? —preguntó el líder Roberto.

Le nombramos a César y nos confirma que era ya conocido por situaciones similares.

—No se preocupen, no sé si podrán recuperar ese dinero, pero yo les ayudaré —expresó Roberto.

De inmediato, buscó nuestra información, pero no nos encontró, no estábamos registrados y perdimos nuestro dinero. A pesar del fraude, decidimos volver a invertir en el proyecto.

Hago una pausa para decir que esa hubiera sido una buena razón o excusa para no continuar, pero no fue así, nosotros estábamos decididos a seguir adelante.

Arrancamos con Excel, pero solo en 2003, en aquel tiempo, sin darnos cuenta, la compañía estaba en declive por el cambio en la industria de la larga distancia y cerró a principios de 2004, después de tan solo ocho meses de habernos unido.

Con todo y eso, aprendimos que más allá de la forma de negocio, lo importante era la visión y las metas. Nunca buscamos activamente otro negocio, los cambios llegaron solos y siempre fue para mejorar, aunque en ese momento no lo entendíamos. En el 2003 empezamos bien, y aunque la compañía cerró, seguimos adelante con nuestros sueños y nuestras metas.

Así, sin pensarlo, mi esposa y yo comenzamos a generar cheques de cuatro mil y cinco mil dólares. "¡Wow! Esto funciona", nos dijimos ella y yo, entusiasmados. A pesar de ello, existe ignorancia, porque no conoces la industria, la emoción y el entusiasmo te impulsan a seguir adelante bajo la guía de quien te dirige. Generamos buen dinero, pero todo se acabó en 2004. Para entonces, ya había conocido bien a uno de mis mentores. Siempre busqué a quién poderme pegar, rodearme de aquellos que tienen éxito. Aunque este mentor no se beneficiaba directamente de nosotros, era el número uno en la compañía. Cuando todo terminó, lo único que quería saber era dónde lo podía encontrar. En medio del caos, recuerdo que nos contactamos con él y nos preguntó qué íbamos a hacer. Mientras todos buscaban su camino, nosotros lo teníamos claro: seguir a Ruel. "No sé lo que va a hacer, pero sé lo que él puede hacer", pensé. Esta sería nuestra oportunidad de poder trabajar junto a un mentor que nos pudiera guiar. Eran las 10:00 p. m. cuando contestó nuestra llamada.

—Queremos ir contigo —le dijimos mi esposa y yo.

—Estoy en Lexington, Kentucky. ¿Pueden venir?

Sin pensarlo dos veces, rentamos un vehículo e invitamos a otros compañeros. Manejamos sin parar por dieciocho horas hasta arribar a Lexington. Al llegar, conocimos la nueva empresa y encontré a mis dos mentores trabajando juntos: uno como constructor y otro como mentor corporativo de negocios, me refiero al señor Paul Oberson, fundador de la compañía. Mis dos grandes mentores ahora iban a colaborar, marcando el inicio de una nueva etapa que se formó desde 2004 hasta 2013, fueron nueve años consecutivos sin parar, hasta cuando la compañía finalizó.

No fue fácil iniciar, crecer y mantenernos, eso fue el resultado de muchos intentos. En realidad fue difícil, ya que en varias ocasiones se nos cayeron los grupos y tuvimos que iniciar de cero. Con todo y eso, los grupos no se estaban desmoronando por falta de dinero; es más, el menos activo estaba ganando.

Pero siempre ocurre algo que todo lo tumba: construíamos el grupo, se nos caía y lo volvíamos a levantar; se volvía a caer y lo levantábamos una vez; esto lo repetimos varias veces. Ahí es donde aplicamos lo aprendido: el crecimiento personal. Lo que hicimos fue implementar un sistema, adoptar el libro del mes, grabar nuestros propios audios, comenzar a realizar seminarios de historias y entrenamiento y distribuirlos al equipo.

Todo el mundo comenzó a escuchar los audios. Creamos un sistema para las presentaciones, inspirados por un seminario. En otras palabras, decidimos innovar. En lugar de la tradicional pizarra, usamos un DVD, hicimos una presentación, algo que no se estaba haciendo en el mercado hispano. Fuimos pioneros en eso.

Grabé una presentación en video y comenzamos a duplicarla. Gradualmente, el equipo empezó a crecer de nuevo, después de haber caído varias veces. Pero sabíamos que no importaba cuántas veces cayera el grupo, siempre volveríamos a empezar. Adoptamos el sistema de presentaciones mediante DVD para motivar a la gente, complementándolo con audios y conferencias e incorporamos un fuerte enfoque en el desarrollo personal a través de libros de superación y crecimiento personal. Esto nos mantenía fuertes, alimentando nuestros sueños y nuestras metas, manteniéndonos comprometidos y enfocados en nuestros objetivos. Sabíamos que si funcionaba para nosotros, funcionaría para cualquiera otra persona. Y así fue.

Ya habíamos enfrentado muchas caídas, pero cada una nos hizo más fuertes, nos ayudó a no rendirnos. En el 2005 tomamos una gran decisión. Todavía trabajaba como contratista y decidí que era el momento de cerrar el capítulo de la construcción. Ahí fue cuando quemamos nuestros barcos y entramos de lleno en las redes de mercadeo, nos comprometimos por completo y dejar el trabajo que intercambiamos por un cheque.

También le dije al grupo musical que dejaría de tocar con ellos. Para ese entonces, con el grupo ya habíamos intentado muchas cosas para salir adelante, ser conocidos y lograr tener éxito; recorrimos muchos Estados de la Unión Americana, éramos dueños de un montón de equipo, autobús, tráiler y todo; incluso ya habíamos grabado varios discos. Aun así, les dije:

—Quédense con todo.

No me llevé nada, ni la batería de práctica ni cables ni micrófonos. Y aunque todavía teníamos contratos pendientes, me comprometí a estar solo un tiempo más ayudándoles a manejar la agenda, pero ya no quise salir en la portada del último disco, aunque yo grabé la batería, le dejé mi lugar en la foto al nuevo baterista, realmente ya no me motivaba seguir en la música, mi motivación era otra: las redes de mercadeo, había encontrado ese algo que me impulsaba a luchar para lograr mis sueños y metas. Recuerdo que con el grupo tuvimos muchas oportunidades de grandes giras junto a artistas muy famosos y teníamos que irnos de gira unos tres a seis meses, a veces hasta un año; y eso no les pareció a mis compañeros, ellos solo querían mantenerse locales y yo realmente soñaba con algo más grande; el grupo no quería dejar sus trabajos y eso nos estaba limitando. Por esa razón, dejé el grupo musical, realmente no quería que nada me desviara de mi nuevo enfoque. Estaba empezando una nueva etapa, realmente estaba «quemando mis naves», dejarlo todo a cambio de lograr mis sueños.

Pero como era el promotor y llevaba la agenda del grupo (aparte de ser baterista y percusionista), aproveché esa oportunidad para organizar otros eventos, trayendo grupos famosos; eso me ayudó a generar dinero por un tiempo, pero llegó un momento en el que supe que necesitaba cambiar. Este ambiente ya no era lo que buscaba, había vivido eso y necesitaba dar un paso adelante, ya estaba listo para algo mejor.

En ese mismo año, 2005, cerré todo por completo, les entregué la agenda y me desligué por completo. Al mismo tiempo, lancé una revista de farándula que mantuve hasta el 2008. Esta publicación me permitió vender publicidad y expandirme por varias ciudades de Texas, en el primer año promoviendo la música no ya como músico, sino como promotor de eventos. La revista me facilitaba las conexiones y complementaba mis actividades empresariales. Para 2008, cuando llegó la crisis financiera, decidí vender la revista y dejar de promover los eventos, que era lo único que me detenía.

También recuerdo que en el 2006 las cosas empezaban a mejorar poco a poco y fue cuando nació Yahir Adame, nuestro segundo hijo. En 2008 nació Valeria, mi hija. Gradualmente, fuimos aligerando cargas para concentrarnos más en nuestro crecimiento empresarial. En ese año marcamos un parteaguas en nuestro negocio: un antes y un después, pues organizamos nuestra primera convención en Dallas, justo cuando mi esposa había dado a luz. Ese evento sentó las bases de lo que sería una gran organización que impactaría en la vida de miles y miles de personas a nivel nacional.

Lo que realmente marcó una diferencia fue la implementación de un sistema educativo combinado con un atractivo plan de compensación. Y fue ahí donde esto comenzó a crecer y a duplicarse por donde quiera. Todos estaban en la misma sintonía, escuchaban la misma información, hacían exactamente lo mismo y duplicando, duplicando, duplicando. Todos generaban ingresos.

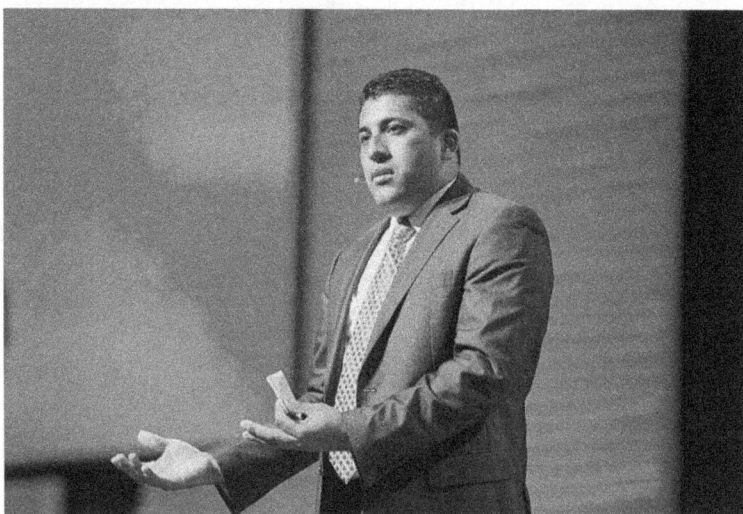

2009 - Conferencia ante 10,000 personas.
Convention Center, Orlando, Florida.

Entre 2008 y 2011 varias personas que hoy tienen éxito en la industria y muchos grandes millonarios fueron mis alumnos, tuvieron la oportunidad de aprender de nuestro sistema. Nos sentamos, compartimos y conectamos; les mostramos lo que nos había funcionado: un sistema educativo vinculado a un plan de compensación. Un gran plan de compensación es como una mina de oro; sin las herramientas adecuadas, uno puede estar sentado sobre una fortuna sin saber cómo acceder a ella. Y eso es lo que hace el sistema educativo, te da la habilidad de descubrir, entender y actuar en esta industria. Nuestro negocio, nuestra organización fue creciendo cada vez más y más, a pasos agigantados.

El 2010 fue de intensa actividad: llegamos a estar en tres lugares distintos en un mismo día. Podríamos estar en Kansas City a las 10:00 a. m., en Chicago a las 3:00 p. m. y en Nueva York a las 8:00 p. m. La cantidad de eventos y seminarios era abismal y tenía que aprovechar los fines de semana para agendar en un mismo día hasta tres diferentes eventos para recorrer todo el país en la mayoría de ciudades en menos de noventa días. La demanda era tan alta que los eventos sucedían uno tras otro, reuniendo a miles de personas cada vez.

En ese momento crucial reflexioné sobre todo el camino recorrido y los obstáculos superados. Fue entonces cuando alcanzamos la posición de embajador, un galardón que reconoce el éxito y el liderazgo. Paul Oberson, en una ceremonia especial, nos honró entregándonos un *Rolex grabado*, un símbolo del legado que habíamos construido. Este reloj, que siempre llevo conmigo, simboliza ese instante de realización y el reconocimiento como embajadores de la compañía, estando entre los dos principales generadores de ingresos de toda la compañía.

El día que recibimos el reconocimiento como Embajadores, tuve la oportunidad de subir al escenario con toda mi familia, en un evento que tuvo lugar en el estadio de baloncesto en Lexington, Kentucky, conocido por albergar a un equipo muy popular. El estadio se había alquilado completo para el evento y allí estaba yo, con mi esposa y mis hijos, frente a miles de personas. A pesar de que mi inglés no es muy fluido —algo que hasta el día de hoy sigue igual, pues siempre me centré más en hacer negocios y no tanto en aprender el idioma—, nunca ha sido un obstáculo para mí. Siempre encuentro la manera de hacerme entender.

Al subir al escenario, me disculpé por mi inglés limitado, pero aseguré que expresaría lo que llevaba en el corazón. Hablé de mi historia, de mi viaje y de la razón por la que estaba allí. Cuando hablo desde un escenario, me transformo: hablo desde el fondo de mi corazón y no solo de mi mente. Aunque la mayoría de la audiencia hablaba inglés, se notó un ambiente de conmoción; muchas personas lloraban mientras compartía mi testimonio. Al terminar, vino la ovación, que fue ensordecedora. Nuestra organización de hispanos, aunque solo contaba con alrededor de cinco mil miembros (frente a los casi veinticinco mil de habla inglés), ahí estaba presente, recibimos un apoyo inmenso. Todo el equipo nos cargó en hombros fuera del estadio. Realmente fue un momento que quedó inmortalizado en fotos y videos. Al ver a mis hijos junto a mí en ese escenario, en la cúspide de nuestro éxito, pensé: "Todo por lo que tuve que pasar..., de verdad que ha valido la pena". Creo que en ese momento mis abuelos estaban ahí. Lo pude sentir, vivir y ver.

2011 - A mi esposa y a mí nos cargaron en hombros después del gran reconocimiento como nuevos embajadores y los Top 2 a nivel mundial. Más de 5,000 personas de nuestro equipo estuvieron presentes.

Aún no eran populares las redes sociales.

Después del evento, tuve un comentario que me impactó bastante. Nuestra gran amiga Lupita Madero, a quien apreciamos mucho, se acercó a nosotros, estaba llorando y me abrazó —le pido a Dios que le dé salud y la tenga por mucho tiempo, pues ha estado luchando contra el cáncer durante varios años—. Ella me dijo que había visto una imagen muy grande en el escenario; llorando, me contó que, mientras yo estaba allí arriba, vio cómo un ángel gigante —entre el humo y las luces— cubría el escenario y subía al cielo.

En mi infancia, mi abuelo se mantenía observando desde la esquina cuando yo trabajaba, él me daba la confianza de hacerlo, siempre creyó en mí. Esa sensación de lo que me dijo Lupita la tuve en el escenario, exactamente al recibir el reconocimiento y escuchar la ovación. Agradecido, sí, como si mi abuelo estuviera allí conmigo, así como cuando me observaba desde la distancia o me guiaba en mis proyectos. Por esto y muchas cosas más sé que mis abuelos siempre han estado presentes, en cada triunfo y cada situación difícil. Los siento cerca, nunca me han dejado solo, siempre siento su presencia y creo que me echan porras en todo lo que emprendo.

Después de ese emotivo momento, recuerdo que a mi esposa y a mí nos sacaron cargados entre la multitud. A ella la llevaban en hombros —como cien mujeres— y a mí otros tantos hombres. Nosotros simplemente nos dejamos llevar. Eso me conectó con mi abuelo, como me veía, me apoyaba en todo, siempre dándome fortaleza. Por eso, en cada éxito, siento una profunda gratitud hacia él, por todo lo que sembró en mí y siempre le pido a Dios por mis abuelos y también por mis padres.

Ahora que te he compartido parte de mi historia, desde mi niñez hasta mi vida actual, quiero decirte que me siento muy agradecido con Dios por la vida que tengo, por los abuelos y padres que Él eligió para mí. También estoy muy agradecido por cada obstáculo que tuve que superar a lo largo del camino para llegar a donde estoy. Realmente creo que todo tenía un propósito y, aunque en ese momento no lo entendía, hoy puedo ver que Dios ya había definido la vida que me tocaría vivir y todas las grandes bendiciones que tenía para mí.

Sin embargo, antes de que cada bendición llegara, había algo qué hacer, algo qué pasar, para luego valorar todo lo recibido. Y así ha sido. Hoy valoro todos los consejos, los golpes y las caídas. En este momento me encuentro disfrutando de un estilo de vida que jamás imaginé y eso me fortalece para seguir adelante ayudando a miles de personas a construir el estilo de vida que siempre soñaron. Realmente lo creo hoy más que nunca: lo mejor aún está por venir.

Vamos con todo, mi gente. No permitan que ningún obstáculo, reto o circunstancia los detenga. Por muy difícil que se ponga el camino, Dios siempre estará contigo. Él nunca te dejará solo. Tienes que mantenerte creyendo y lleno de fe. Nunca pierdas la fe, nunca dejes de luchar hasta lograr tus objetivos, sueños y metas.

2012 - Compartiendo la visión ante 15,000 personas, creando nuevos millonarios en mi equipo. Convention Center en Dallas, TX.

CAPÍTULO 12
VIVIENDO CON PROPÓSITO

"Cuando descubres tu propósito, no hay
fuerza en el mundo que pueda detenerte.
Vive con intención y haz la diferencia".

— ALEXIS ADAME

Querido lector, ahora quiero compartir contigo los secretos que he descubierto en mi camino. Si te encuentras en una situación similar a la mía, o buscas cómo lograr lo que yo he alcanzado, puedes hacerlo siguiendo estos principios. No sé si ya tengas alguna guía de siete pasos, cinco secretos o nueve herramientas, porque ahora es el momento en que tú decides cómo avanzar. Te he contado mi historia, conoces mi vida y, ahora, emocionalmente conectado, estás listo para confiar en los pasos que voy a darte.

Como líder, quiero revelarte los secretos que me han llevado al éxito. Creo que para un emprendedor nunca se alcanza un punto final; siempre se debe luchar y buscar el propósito.

Uno de los grandes logros de mi esposa y yo fue establecer metas claras. Nos propusimos no pasar de los treinta años sin alcanzar la libertad financiera. Logramos nuestro primer millón de dólares a los veintiocho años y, desde entonces, hemos seguido creciendo.

2010 - *Top Latinos* hablando ante 15,000 mil personas. Teresa y Alexis Adame: Nuevos millonarios. Galardonados con el *Anillo de Honor* en Lexington, KY.

Sin embargo, tener un legado va más allá de la riqueza personal. Aunque podríamos habernos retirado después de 2013, pero sentíamos la responsabilidad hacia aquellos que creyeron en nosotros. Nuestra misión se convirtió en ayudar a otros a cumplir sus sueños; ya no era solo por nosotros, sino por un propósito mayor. Servir, compartir nuestros conocimientos, testimonios y nuestras experiencias se ha convertido en parte de nuestra vida. Después de 2013, a pesar de los contratiempos, nos levantamos de nuevo y seguimos adelante, más fuertes que nunca, impulsados por esta misión.

Todo pasa por algo, mi estimado lector. En 2013 se terminó lo que veníamos haciendo en la industria de vender servicios, pero hasta ese momento habíamos descuidado la salud. Ganamos millones, mi amigo, millones. Y en 2013 surgió algo: se termina la empresa y, por medio de nuestro mentor, Paul Oberson, quien era sobreviviente del cáncer desde 2001, recibimos un mensaje crucial. Siempre se mantuvo cuidando su salud, pero en 2013 le regresó el cáncer.

—No vale la pena todo el dinero que puedas ganar, si no cuidas de tu salud —reflexionó Mr. Paul Oberson.

Siendo él un hombre muy fuerte, comenzó a luchar; el cáncer había regresado de forma muy agresiva. Nos conectamos con la empresa Zija, especializada en productos orgánicos y moringa, siguiendo su recomendación. Ahí comenzamos otra nueva jornada en cuanto al cuidado de la salud. Lo triste fue que en diciembre de 2013, Paul Oberson falleció. Pero hasta sus últimos momentos estuvimos con él y recibimos sus últimas palabras: "No dejen de luchar, que nadie les robe sus sueños. Recuérdenlo siempre: algo bueno está por venir".

Todo lo que he compartido podría resonar con algunos de

ustedes o ser parte de sus futuras experiencias. Todos los emprendedores nos enfrentamos a situaciones desafiantes, cada una presentándose por una razón específica. Y algo que creo firmemente es que las situaciones son necesarias en nuestra vida porque eso es lo que nos fortalece y nos hace más fuertes, nos prepara para lo próximo que está por venir y hay que aceptarlas como vienen y dar gracias a Dios por ello. Cuando enfrentamos adversidades, la mayoría puede retirarse; y solo una mínima cantidad se quedará, pero esa pequeña parte será como el ejército de Gedeón, en la Biblia, serán los que podrán ganar batallas y lograr sus sueños y metas; esto lo creo firmemente porque así lo viví y esto sucedió en 2013, cuando el 99% de las cien mil personas en nuestro equipo se fueron después de que la empresa dónde construíamos fue detenida por recomendación de los abogados por unas alegaciones y una demanda; después, el proceso se alargó hasta la muerte del fundador. Sin embargo, el 1% se quedó, manteniendo sus convicciones firmes.

Es crucial tener convicciones claras y entender nuestros sueños y objetivos. Si te encuentras en un accidente en la carretera, solo necesitas cambiar de vehículo para continuar hacia tu destino. Lo importante no es el medio, sino alcanzar tus metas y realizar tus sueños.

En 2013 aprendimos una lección valiosa: **sin importar cuántas veces caigas, debes levantarte.** Mi vida es un testimonio de múltiples subidas y bajadas. En el emprendimiento, enfrentarás muchos fracasos; es inevitable. Pero lo esencial es levantarte tantas veces como sea necesario, independientemente de la industria o negocio en que te encuentres.

Por mi parte, estoy agradecido por todos los retos y las caídas, ya que han moldeado quién soy hoy. Esas experiencias me han fortalecido, sin ellas, no estaría preparado para los desafíos futuros. Todo lo que enfrentamos tiene un propósito. Dios pone desafíos en nuestro camino, preparándonos para los golpes más grandes que están por venir. Es esencial tomar acción rápida y usar estos desafíos para fortalecernos, sabiendo que cada uno lleva consigo un propósito mayor.

La manera de cómo muchos emprendedores han alcanzado el éxito es a través de vencer obstáculos. Sin embargo, no todos están dispuestos a soportar este proceso. Al ascender la montaña del éxito, muchos se rinden ante la adversidad, faltándoles la resistencia y el corazón para seguir adelante a pesar de todo. Yo siempre he creído en luchar hasta el final, en «morir en la raya» antes que rendirme o retroceder. Esa ha sido siempre mi filosofía de vida, nunca detenerme y siempre debo seguir avanzando.

Desde que dejé mi país, he pasado por cada desafío, uno tras otro, así he crecido siempre por la vida y los negocios, en reto tras reto; por esa razón, nada me detiene y en cada desafío Dios abre una nueva puerta y presenta nuevas oportunidades, guiándonos hacia adelante. Mantengo la fe de que al final todo estará bien. Esta convicción me ha acompañado siempre, reafirmando que, sin importar las circunstancias, debemos avanzar confiados en que el final será positivo, es decir, al final «todo va a estar bien».

Entonces, ¿qué aprendemos de esto? A estar listos para enfrentar cualquier desafío, para ser guerreros en un mundo desconocido. Esto implica tener la mentalidad de aventura, la creatividad para aprender y adaptarse al cambio. Se trata de ser humildes y enseñables, y una vez que comenzamos, mantener la persistencia para avanzar, incluso en medio de la tormenta.

Debemos tener la resistencia para seguir adelante y mirar más allá de nuestras caídas, no quedarnos estancados en ellas. Siempre hay que buscar una salida o solución a los problemas que enfrentamos. Por lo general, la gente se cae y permanece allí, culpando a otros y quejándose, lo cual no ayuda en lo absoluto.

En su lugar, debemos renacer con determinación, fe y una actitud positiva, creyendo que todo estará bien, pero también esforzándonos al máximo en cualquier situación. En la oscuridad, debemos buscar la luz y encontrar la forma de avanzar.

También hay que tomar liderazgo. Todos tenemos ese espíritu de liderazgo, pero a veces el miedo se apodera y no nos deja actuar. No se trata de deshacerse del miedo, sino de hacerlo nuestro aliado. Puede que nos ayude a detectar cosas que de otra forma no veríamos. No hay que dejar que el miedo nos controle, sino reconocer que siempre nos acompañará, pero sin permitirle liderar nuestras acciones.

Además, hay que tener resiliencia en la travesía hacia nuestros sueños, sumado a aprovechar el tiempo y la vida, porque el tiempo se va y las oportunidades pueden ser tomadas por otros si no actuamos. Estar dispuesto a superar cualquier obstáculo para conquistar nuestros sueños es fundamental.

Es fácil desenfocarse, desanimarse y fortalecer las excusas en lugar de nuestras razones. Sin embargo, hay que mantener una actitud de guerrero y no dejar que el miedo y las excusas tomen control. A pesar de lo que digan las noticias o se vea en las redes sociales, hay que seguir adelante. El mundo sigue girando y nosotros debemos seguir moviéndonos. Siempre es posible levantarse tras una derrota, aprender de ella y avanzar. Es el arte de superar los fracasos y seguir luchando hacia nuestras metas.

Una de las cosas en las pérdidas o caídas es que nunca las hemos visto como tales, sino como aprendizajes. Siempre pensamos: ¿qué aprendo de aquí? Nos fortalecemos ante la adversidad y seguimos adelante, forjando el camino para quienes vienen detrás. Parte de nuestro propósito es compartir estas experiencias para que aquellos que están empezando su negocio tradicional o trabajando en las redes de mercadeo puedan evitar ciertos errores. Realmente creo que en ocasiones es mucho mejor aprender de los errores de otros que esperar a cometer nuestros propios errores, eso nos hace perder tiempo y perder momentos, por eso es tan importante tener un mentor que te vaya guiando, es fundamental tener a alguien con experiencia y que ya conoce el camino para llegar a donde tú quieres llegar.

Queremos compartir con nuestra gente, ayudarles a expandir su visión, a que tengan una misión y la persistencia para alcanzar sus sueños. La determinación es crucial: si me propuse algo, lo haré con todo, incluso sin sentir motivación. La disciplina es más importante que la motivación, porque con disciplina se actúa con convicción, sin importar las circunstancias.

Es vital trabajar con los miedos, sin dejar que nos controlen, abrazando el positivismo. Creer que al final todo va a estar bien, sin importar lo que esté sucediendo, alimentando la fe en lugar del temor. Alimentar la fe nos prepara para enfrentar obstáculos con confianza y seguridad, sabiendo que hay un propósito mayor.

Con ese deseo y esa hambre de éxito, aplico las estrategias aprendiendo de cada persona. Extraigo lo mejor, escribo un plan y saco las mejores estrategias para aprender todo lo posible, pues sé que esto me ayudará a alcanzar mis metas.

Lo hago con pasión, conectando mi mente, corazón y con intención. Planificamos nuestro éxito, pues lograrlo no es cuestión de suerte, sino de planificación e intención.

Creo que los pasos que voy a compartir a continuación ayudarán a transformar los sueños en realidad de muchas personas, sin importar las adversidades o caídas que hayan tenido. Nosotros hemos atravesado el infierno ida y vuelta, pero nunca nos hemos dado por vencidos ni quedado atrás. Hay algo que decía uno de mis mentores: "Cuando el perro anda de cacería, no siente las pulgas". Todas las veces que se nos ha caído ya sea el negocio o vivir situaciones difíciles, nunca me he quedado así como "¿Y ahora qué sigue? No me quedo dando vueltas, simplemente busco la solución y avanzo sin dejar que el temor me domine, siempre con positivismo y fe, creyendo que todo pasa por una razón.

La fuerza del propósito me ayuda a construir una vida de impacto, cumpliendo sueños y metas, fortaleciéndome para no detenerme y seguir avanzando. Hoy, me siento como si apenas hubiéramos comenzado, agradecido y listo para seguir impactando más vidas. Me siento lleno de mucha energía positiva, con una gran actitud y con toda la fuerza espiritual para dar cada paso para adelante, con fuerza, confianza y con toda la seguridad, eso me emociona, saber cuántas miles de vidas me falta aún por seguir impactando, porque la vida es corta; y como decía un amigo motivador: "Tenemos que valorar la vida, porque si comparamos el tiempo que estaremos vivos versus el tiempo que estaremos muertos, realmente la vida no es nada frente a toda una eternidad". ¿Me explico? Por esa razón tenemos que movernos y actuar ya.

2011 - Compartiendo mi testimonio junto a mi esposa y mis hijos ante 25,000 mil personas en Lexington, KY. Rompimos todos los récords de crecimiento con más de 100,000 personas en mi equipo.

AHORA TE TOCA A TI:
COMIENZA EL VIAJE

Querido lector,

Como ya te habrás dado cuenta, puedo entender profundamente el lugar oscuro en el que uno cae al perderlo todo. Sé lo que significa estar abrumado, sin trabajo, lidiando con problemas emocionales y económicos, sintiéndose completamente perdido. Ahí hemos estado muchos de nosotros, un lugar que conozco muy bien.

Quizás en este momento te sientas como si estuvieras en un abismo, donde hablar de liderazgo, determinación o positivismo suena más como una voz que se oye muy a lo lejos. Puede que te preguntes cómo es posible levantarte cuando te sientes tan profundamente hundido.

De pronto estés frustrado y desesperado. Es normal preguntarse cómo iniciar el camino hacia la recuperación, cuando parece que todo está en contra tuya. La buena noticia es que no estás solo en esto. A través de las siguientes páginas, quiero acompañarte paso a paso para que salgas de ese pozo.

Puede que ahora mismo te estés preguntando: "Alexis, ¿cómo le hago? ¿Cómo encuentro la fuerza para continuar?". Son preguntas válidas y es justo en este punto donde quiero invitarte a seguir leyendo. Como tú, no nací con un manual de éxito bajo el brazo ni con una vida libre de obstáculos. Como tú, me enfrenté a mis propias batallas, a mis propias caídas. Pero aquí estoy, dispuesto a compartir contigo lo que he aprendido en este viaje. No prometo un camino fácil, pero sí uno que vale la pena recorrer.

En los próximos capítulos, de corazón te voy a compartir **los tres pilares** que me han llevado a tener resultados positivos, no solo en las redes de mercadeo, sino en cada rincón de mi vida. Estos pilares son más que simples ideas; son herramientas que me han sostenido en los momentos más difíciles y que pueden hacer lo mismo por ti. Te voy a mostrar, paso a paso, **la fórmula** para empezar a **reconstruir tu vida**, cómo despertar **ese liderazgo que llevas dentro**, y cómo **encender esa chispa de determinación y esperanza** que nunca debes dejar apagar.

La fórmula del mercadeo en red no es solo un recuento de lo que he vivido; es una invitación para ti a iniciar tu propia transformación, a crear tu propio testimonio. Te invito a que sigas conmigo, querido lector. Juntos, podemos encontrar esa luz que ya te está buscando.

Con cariño y con toda la fuerza del corazón,

ALEXIS ADAME

CONFERENCIA

LA FÓRMULA
DEL ÉXITO

Descubre los tres pilares esenciales para triunfar en mercadeo en red y transformar tu negocio.

¿Qué aprenderás?

- Definir metas claras
- Tomar acción estratégica
- Mantener pasión constante
- Construir relaciones sólidas

**Solo para Visionarios
y Soñadores.**

**LLEVA ESTA CONFERENCIA
A TU CIUDAD**

+1 972 670 4138

AlexisAdame.com

Alexis Adame

CAPÍTULO 13
PRIMER PILAR:
EL PODER DE LA VISIÓN

Al establecer metas claras y encontrar tu dirección personal, es aquí donde todo comienza, donde estableces tus bases y te aferras a ellas con una fe inquebrantable en ti mismo. Vamos a descubrir claves fundamentales en la vida, esas que encienden la chispa dentro de ti y te impulsan a moverte, a dar los pasos necesarios para obtener resultados reales. Si decides aplicar estas herramientas todos los días, empezarás a ver cómo tu vida tendrá un rumbo más claro y con un mejor propósito.

1. Tener un sueño

El primer paso a dar es conectar con lo que será nuestro testimonio. Es **atreverse a soñar**. Creo que eso es lo primero y que hace falta en toda persona que quiera lograr algo en la vida. Si nos atrevemos a soñar, podemos visualizar, podemos ver lo que nos gustaría tener, lo que nos gustaría lograr. Y eso es lo que nos motiva precisamente a dar ese paso de atrevernos a soñar y poder ir tras nuestros sueños.

Eleonor Westberg decía en alguna ocasión: "El futuro les pertenece a quienes creen en la grandeza de sus sueños". Eso es parte de lo que, en lo personal, me ha ayudado a dar pasos hacia adelante, atreviéndome a soñar. Si nos atrevemos a soñar, el sueño se convierte en esa razón que nos mantiene motivados, que nos mantiene entusiasmados, que nos hace sentir vivos y nos llena de entusiasmo, porque tenemos una razón, luchamos por un propósito que nos hace sentir hasta más jóvenes. Nos sentimos, siento yo, que somos ese tipo de personas que nos sentimos más felices. Se siente la diferencia de un soñador a una persona que no tiene un sueño, que no tiene una razón, que no tiene un objetivo en su vida.

Soñar marca una gran diferencia en este tipo de personas. Entonces, ese tipo de individuos —los que tiene un sueño— pareciera que trajeran una luz encendida dentro de su corazón, traen un porqué, saben para dónde van, lo que quieren, porque tienen sueños, saben qué hacer. Recuerdo cuando mi abuela me mandaba a la tienda a ir a traerle algo: no importaba quién me detuviera para jugar o algo cuando estaba niño, yo tenía que ir rápido porque ya tenía un objetivo y no me podía ni entretener ni desenfocar ni nada, tenía que ir a lo que iba. Y así crecí siempre, enfocado en lo que tenía que estar enfocado.

Entonces, relaciono mucho esto con tener un sueño. Creo que el sueño es una de las cosas que tiene el poder de inspirarnos, nos da más energía, pasión e incluso en los momentos más oscuros que nos podamos encontrar, un sueño realmente alegra la vida y nos mantiene moviéndonos, avanzando. Lo he sentido de esa manera y eso es lo que siempre comparto a toda persona que tengo la oportunidad de dar un consejo: atrévete a soñar, porque los soñadores son los que hacen que el mundo gire.

Cuando uno observa todo lo que tenemos a nuestro alrededor, todo ha sido creado por soñadores, alguien que tuvo una idea y esta fue extraída precisamente de lo que es la imaginación. Si profundizamos un poco más, el libro *Piense y hágase rico* invita a que tengas imaginación. Muchas personas afirman que no saben cómo visualizar o tener un sueño. Creo que aquí es donde tenemos que trabajar bastante, es decir, en atrevernos a soñar y visualizar.

Napoleón Hill afirma que la imaginación es el taller de la mente, donde trabaja puliendo la mente y de donde salen las ideas. Todo esto se conecta: el poder visualizar cómo uno se ve en el futuro poseyendo eso que uno quiere. Por eso es tan importante encontrar cuál es nuestro sueño, qué nos motiva, qué nos gustaría lograr para poder encontrar ese propósito por el que estamos aquí e ir tras nuestros sueños. El tiempo se está yendo, la vida se va y muchos de nuestros sueños a veces los dejamos morir por no habernos atrevido a soñar.

A cada persona, Dios nos ha dado la capacidad para poder soñar, visualizar y crear grandes cosas. Pero por el hecho de no atrevernos a soñar nos quedamos estancados. A veces, en lugar de alimentar nuestro sueño, alimentamos las excusas. Y por no saber qué tan importante es soñar, veo a muchos que quieren salir adelante pero optan por lo más fácil. En lugar de atreverse a soñar, prefieren trabajar para alguien que sí se atrevió a luchar por sus sueños.

Esta diferencia es muy grande: el empresario que contrata a otras personas fue un soñador, un atrevido, alguien que decidió buscar sus sueños. Los sueños pueden ser de muchos tipos, no solo económicos, busquemos lo que queremos. Pueden ser de ayuda a otros, a nuestra iglesia, a nuestra familia. Pero tiene que haber un sueño, ya que este es el punto de la razón.

Para todo el que realmente se quiera convertir en una persona exitosa y sin equivocarse de ruta, creo que debemos trabajar en encontrar y descubrir nuestro sueño. Eso nos motivará y será el inicio, como sembrar un arbolito que crece en nuestra mente y corazón. Esa será nuestra motivación diaria. Como decía uno de mis mentores: "No esperes que una alarma te despierte, deja que tus sueños te despierten". Cuando tus sueños te despiertan, te conviertes en un soñador, y aunque algunos puedan llamarte «loco», recuerda que las grandes cosas han sido creadas por soñadores, que en su momento también fueron llamados «locos».

Todo emprendedor y toda persona de éxito ha tenido primero un sueño y luego se ha puesto a construirlo. Lo relaciono con un arquitecto que tiene un terreno y va a construir una casa. Como constructor en la industria de bienes raíces —cuya experiencia adquirí—, uno se puede relacionar, ya que al mirar un terreno vacío uno piensa que sería bueno construir aquí; un visionario no piensa si se podrá o no, un visionario piensa: "¿Qué cosa quedará bien aquí?" "Esto va a ser mi sueño, es lo que quiero construir". Aunque cualquier persona que pase pueda ver solo un terreno baldío, el soñador ya visualiza el proyecto terminado. No está tangiblemente ahí, pero en la mente del soñador ya es como si estuviera finalizado.

Ese es el punto al que todos podemos llegar: tenemos la capacidad de atrevernos a soñar. Si nos atrevemos a soñar, tenemos toda la posibilidad de que ese sueño esté en proceso de ser cumplido. Pero si no nos atrevemos, ¿cuál es la posibilidad de cumplir algo si ni siquiera sabemos lo que queremos o no creemos que lo podemos lograr? Y ese es el problema de la mayoría de las personas que no tienen un sueño claro y definido; mientras no se tenga ese sueño, simplemente seguirán en el mismo lugar ocupando un asiento en este mundo, sin ir a ningún lugar.

2. La importancia de tener un deseo

El segundo punto que siempre me ha ayudado y recomiendo es la importancia de tener un deseo. No solo basta con soñar, **hay que desearlo fervientemente.** En nuestra mente surgen muchas metas, pero solo unas cuantas despiertan en nosotros un deseo ardiente. Si tenemos visualizado lo que queremos, debemos sentir ese deseo profundo, con todas nuestras fuerzas.

Recuerdo una historia que uno de mis mentores compartió, que también se menciona en algunos libros. Un maestro y su alumno estaban cerca de un río. El alumno preguntó qué era tener un deseo ardiente. El maestro, sabiamente, lo llevó al río y, sumergiéndose, zambulló al alumno bajo el agua. No lo soltaba mientras el alumno se debatía por respirar. Al dejarlo salir, el alumno estaba molesto, sin entender la lección. El maestro le preguntó qué deseaba más mientras estaba bajo el agua. El alumno, frustrado, no entendía, hasta que el maestro lo sumergió nuevamente. Cuando finalmente emergió, ansioso por aire, comprendió: deseaba respirar.

Con esa intensidad debemos desear nuestras metas. Cuando sabemos lo que queremos, necesitamos un deseo tan fuerte que nos motive a darlo todo por nuestras metas. Ese deseo, que nace desde lo más profundo de nuestro ser, es el motor que nos impulsa a superar cualquier obstáculo. No es solo soñar con un futuro mejor; es encender una llama interna que nos mantenga enfocados y determinados, avanzando con pasión y perseverancia hacia aquello que anhelamos alcanzar.

Desatando la fuerza del deseo

Imagina un sueño que invade tu mente a cualquier hora del día, ardiendo en tu interior como un fuego imposible de ignorar. Esa energía, esa determinación, es lo que convierte un simple anhelo en un deseo imparable. Nace de una claridad absoluta sobre lo que queremos lograr en nuestra vida.

El deseo profundo no es solo un pensamiento fugaz; **es una fuerza que nos empuja a actuar con enfoque y perseverancia**. Cuando visualizamos nuestras metas con intensidad y las sentimos como esenciales, alcanzamos un nivel de compromiso que nos impulsa a hacer todo lo necesario para lograrlas.

La importancia del deseo en la motivación

Sin un deseo profundo, las metas pierden su fuerza y terminan siendo simples sueños que se desvanecen. Es esa chispa interior la que nos da la energía necesaria para afrontar desafíos y mantenernos firmes, incluso cuando las cosas se complican. Si analizas los grandes logros en cualquier época, descubrirás que siempre hubo personas movidas por un anhelo inquebrantable de alcanzar algo significativo.

Thomas Edison y la bombilla eléctrica

Thomas Edison es un símbolo de cómo un deseo ardiente puede transformar la adversidad en oportunidad. Frente a miles de intentos fallidos para crear la bombilla eléctrica, su convicción de iluminar el mundo lo mantuvo en marcha. "No fallé, solo descubrí diez mil maneras que no funcionaron", afirmó Edison. Su determinación lo llevó al éxito, demostrando que un deseo firme puede superar cualquier obstáculo, sin importar cuán grande parezca.

Despertando y Nutriendo el Deseo

¿Cómo se despierta y se mantiene encendida esa chispa que llamamos deseo? Todo comienza con **claridad**. Debes conocer profundamente lo que quieres lograr. Visualiza tus metas con detalle, imagina cómo se verá tu vida cuando las alcances y conecta emocionalmente con ese resultado. Este ejercicio no solo define tu camino, sino que también te da la fuerza para recorrerlo.

El deseo intenso es la chispa que da inicio a todo gran logro. Es el motor que nos impulsa a avanzar con pasión, incluso frente a los retos más grandes. Mantener vivo este deseo requiere compromiso y acción constante, convirtiéndolo en el pilar que sostiene nuestros sueños más ambiciosos. No se trata solo de soñar, sino de desear con fuerza y actuar con determinación para transformar esos sueños en realidad.

La Fuerza del Deseo en el Éxito

¿Qué tan profundamente deseamos aquello que anhelamos? La intensidad de nuestro deseo es un factor decisivo; sin ella, cualquier obstáculo o distracción puede desviarnos. Este deseo no solo nos motiva, sino que también nos compromete a avanzar sin descanso hacia nuestras metas. Tener claridad en lo que queremos es crucial, pero es el deseo ferviente el que nos da la energía y la convicción para seguir adelante hasta alcanzar el éxito. Cada gran conquista comienza con un deseo claro, intenso y decidido.

3. Metas Claras, Resultados Reales

Las metas claras nos llevan a resultados concretos. Al planificar, es necesario ser lo suficientemente específicos. Fijar una meta sin un plazo definido es simplemente un deseo; establecer una meta con una fecha límite es un compromiso. Independientemente de los obstáculos que puedan surgir, una meta clara y una fecha establecida marcan la dirección y la urgencia, lo que nos mantiene enfocados.

Si estamos en un edificio y queremos llegar a otro, fijamos ese destino como nuestro objetivo. Luego, tomamos la carretera y simplemente manejamos; si hay un accidente, podemos tomar un desvío; si el desvío no funciona, podemos llamar a un Uber. Puedes cambiar de método o de ruta, pero no puedes cambiar la meta. La claridad en nuestras metas es nuestro compromiso.

He aprendido a trabajar con metas a corto, mediano y largo plazo. Estas incluyen objetivos a treinta días, noventa días, un año y un plan detallado para cada mes durante cinco años. Las metas son las que nos guían, nos motivan y nos mantienen en forma para alcanzar nuestros sueños. Por lo tanto, es vital tener metas; de lo contrario, muchas personas no lograrán lo que otros han conseguido, simplemente porque carecen de un objetivo.

Yo me aseguro de trabajar con metas al principio de cada año. La mayoría de las personas establece sus objetivos en enero y para febrero ya se han rendido, todo porque no los escriben y no sienten la responsabilidad. Personalmente, tengo metas diarias, donde establezco mis objetivos para cada día, planifico la semana y tengo una meta mensual.

Las metas en la vida no son solo puntos lejanos en el futuro, son los hitos que nos conducen al éxito. Sin metas claras, uno se encuentra luchando en un océano de actividades. En consecuencia, este capítulo describirá de manera firme la importancia de las metas.

La importancia vital de establecer metas

Las metas actúan como imanes que atraen nuestras energías, nuestros esfuerzos y recursos hacia un objetivo específico. Son la brújula que nos orienta y nos impulsa a avanzar con determinación y enfoque. Sin metas, nuestras acciones carecen de sentido y coherencia; simplemente estamos navegando sin rumbo fijo, esperando que el destino nos encuentre en lugar de ir a buscarlo activamente.

El increíble salto a la Luna

Imagínate el momento en que Neil Armstrong dio ese primer paso en la Luna. No fue un golpe de suerte, ni un sueño loco que se cumplió de la noche a la mañana. Fue el resultado de años de trabajo duro, un plan sólido y un equipo con una meta clara: llevar a un ser humano a la Luna y traerlo sano y salvo de vuelta. Cada decisión, cada pequeño paso que tomaron estuvo enfocado en ese objetivo. Cuando las cosas parecían imposibles, ese sueño compartido los mantuvo firmes, como una brújula que no deja de señalar el norte.

Tus metas: El mapa de tu vida

Definir metas no solo es saber qué quieres lograr, también es decidir en quién quieres convertirte y cómo quieres vivir tu vida. Las metas son como las cercas de un terreno: te dicen dónde estás, hacia dónde vas y si necesitas ajustar el rumbo. Además, te empujan a salir de la comodidad y a crecer. Es como subirte un árbol más alto cada vez; sí, cansa, pero ¡qué vista tan espectacular tienes desde arriba!

El peligro de no tener metas

Por otro lado, imagina manejar tu carro sin saber a dónde vas. Así es vivir sin metas: terminas flotando sin dirección, atrapado en una rutina que te deja sintiendo que algo falta. Muchas personas caen en este círculo sin fin, ocupadas pero sin propósito, y al final del día se preguntan por qué no logran avanzar. Tener metas no solo te impulsa, sino que también le da sentido a cada paso que das.

Cómo establecer y alcanzar tus metas

Paso 1. Define tus metas con claridad

Para establecer metas efectivas, es crucial **ser claro y específico sobre lo que queremos lograr**. Las metas vagas como «ser exitoso» o «ganar más dinero» no nos dan la dirección necesaria para guiar nuestras acciones. En cambio, las metas claras y específicas como «incrementar mis ingresos en un 20% este año» proporcionan un marco concreto para planificar y ejecutar nuestras estrategias.

Paso 2: Realismo y desafío

Tus metas deben ser como un buen ejercicio: lo suficientemente retadoras como para hacerte sudar, pero no tan imposibles que termines agotado antes de empezar. Si la meta es muy fácil, te vas a aburrir y perderás interés. **Si es inalcanzable, solo te frustrarás**. Encuentra ese punto medio, donde cada paso hacia adelante se sienta como una victoria que te mantiene motivado.

Paso 3: Planificación y acción

Una vez que tengas definidas tus metas, te recomiendo desarrollar **un plan de acción detallado** para alcanzarlas. Esto implica identificar los pasos que necesitamos tomar, asignar recursos adecuados y establecer plazos realistas para cada fase del proceso. Sin acción, los planes son solo sueños en papel. Avanza, aunque sea un poquito cada día. Constancia y acción son las claves para convertir tus metas en realidad.

Las metas son mucho más que solo pensar en algo que quieres lograr y luego decir «a ver qué sale»; **son la columna vertebral de nuestro camino hacia el éxito y la realización personal**. Son como un mapa en medio de un camino desconocido: te dicen hacia dónde ir, te dan sentido y te muestran cuánto has avanzado. Sin metas claras y bien pensadas, es como si anduviéramos dando vueltas sin saber a dónde vamos; así es como se nos van muchas oportunidades y no alcanzamos todo lo que somos capaces de lograr.

4. Creer en uno mismo

Cuando hablamos de creer en nosotros mismos, no es solo una frase bonita que se escucha en las películas. Es el punto de partida para cualquier logro en la vida. **Si no confías en tus propias capacidades, ¿cómo esperas que los demás lo hagan?** Es como intentar venderle una idea a alguien cuando ni tú te la crees. La confianza en uno mismo es ese empujón que necesitamos para ponernos en marcha y superar cualquier duda.

Muchas veces, no avanzamos porque nos atascamos con ideas como: "No sé inglés", "No tengo un título" o "No soy lo suficientemente bueno". Pero, ¿sabes qué? Todo eso son excusas. Creer en ti mismo no significa que no tengas miedo; significa que decides enfrentarlo y avanzar a pesar de él. Es como si estuvieras construyendo un puente para cruzar un río. Ese puente se llama autoconfianza, y sin él, te quedas atrapado en la orilla.

Piensa en esto: cuando trabajas en algo que realmente amas, algo en lo que crees profundamente, las cosas cambian. Como decía alguien que admiro mucho: "Es mejor morir por algo que vivir por nada". Y tiene toda la razón. Si tienes un proyecto o un sueño, debes abrazarlo con todas tus fuerzas. No importa si el camino es largo o si hay piedras en el camino; lo importante es no dejar de caminar.

Creer en tus ideas, en tu negocio, en tu equipo, es fundamental. Recuerda que la confianza no solo te mueve a ti, sino que inspira a otros a unirse a tu causa. Las personas se sienten atraídas por aquellos que irradian fe en lo que hacen. Por eso, cada vez que dudes, recuerda que creer no es un lujo, es una necesidad.

Ahora, detente un momento y pregúntate: ¿en qué creo realmente? Porque si crees en algo con todo tu corazón, esa creencia puede transformar tu vida. Creer es el primer paso para crear. Sin fe en ti mismo y en tus sueños, nunca sabrás hasta dónde podrías haber llegado. Así que adelante, ponte manos a la obra y demuestra, primero a ti y luego al mundo, de qué estás hecho.

Creer para crear: El poder transformador de la creencia

En el camino hacia cumplir nuestros sueños y alcanzar nuestras metas, la creencia en nosotros mismos es como el motor de un auto: sin ella, no avanzamos. Es esa chispa que nos empuja a dar el siguiente paso, incluso cuando todo parece cuesta arriba. Creer en lo que somos capaces de lograr nos permite ver más allá de los obstáculos y entender que los límites, muchas veces, solo están en nuestra cabeza.

Imagina al piloto de un avión en el momento del despegue; necesita **una confianza absoluta** en su habilidad para llevar esa máquina a las alturas. Así pasa con nosotros: si no creemos en nuestros sueños, nunca lograremos levantarnos del suelo. Este capítulo es como un mapa, diseñado para ayudarte a entender por qué la fe en uno mismo es clave para transformar esas ideas que tienes en tu mente en una realidad palpable.

Creer no es solo pensar que algo es posible; es actuar con la certeza de que ya estás en camino. Esa fe en tu potencial es el primer paso para construir la vida que siempre has imaginado. Y aquí estás, leyendo estas letras, listo para aprender cómo desatar ese poder interno que todos llevamos dentro. ¿Listo para despegar? ¡Vamos a creer y a crear juntos!

El fundamento de la creencia

La creencia va más allá de la simple fe o esperanza; es la convicción profunda y arraigada de que somos capaces de alcanzar lo que nos proponemos. Cuando creemos firmemente en nuestros sueños y en nuestras capacidades para hacerlos realidad, estamos estableciendo el escenario para el éxito. Esta creencia actúa como un imán poderoso que atrae las circunstancias, las oportunidades y los recursos necesarios para cumplir con nuestros objetivos.

Nelson Mandela y la creencia en la libertad

Nelson Mandela es un muy buen ejemplo de cómo la creencia puede transformar incluso las circunstancias más desafiantes. Durante décadas de encierro en prisión, nunca dejó que las paredes de su encierro apagaran su fe en una Sudáfrica libre y justa. Esa convicción inquebrantable en la libertad y la igualdad fue su brújula en los momentos más oscuros, guiándolo con determinación. Mandela no solo perseveró; su fe inspiró a millones y lo convirtió en un símbolo universal de resistencia, esperanza y el triunfo sobre la adversidad. Su vida es un recordatorio poderoso de que creer con firmeza puede mover montañas.

Creer en uno mismo: La base del éxito personal

Creer en uno mismo es como cuando construyes los cimientos de una casa sólida; todo lo que construyamos después dependerá de esa base. Cuando confiamos en lo que somos capaces de hacer, nos atrevemos a enfrentar retos que otros evitarían y seguimos adelante, incluso cuando las cosas se ponen complicadas. La autoconfianza es como ese empujón que necesitamos para decirle adiós al miedo al fracaso. Nos da el valor de tomar decisiones valientes, esas que nos acercan un pasito más a nuestros sueños, sin importar cuán grande o lejano parezca el camino.

La importancia de visualizar el éxito

Imaginar el éxito es como encender una linterna en medio de un camino oscuro; de repente, todo parece más claro. Cuando visualizamos con detalle lo que queremos lograr, algo increíble pasa en nuestra mente: **empezamos a notar oportunidades y soluciones que antes parecían invisibles.** Es como si nuestro cerebro dijera: "¡Ah, ahora entiendo hacia dónde vamos!" Y no solo eso, esta práctica nos da un empujón extra, reforzando esa creencia de que nuestras metas no son solo sueños, sino algo totalmente posible. Nos ayuda a alinearnos, a actuar con intención y a trabajar con entusiasmo hacia esa visión que nos llena de propósito.

Creer en el negocio y en nuestro potencial

Cuando iniciamos un negocio o perseguimos una idea emprendedora, la creencia en nuestro proyecto es esencial. **Creer** en nuestro negocio y en nuestro potencial como emprendedores nos da la fuerza y la determinación para superar los desafíos iniciales y construir una empresa exitosa. **Recuerda bien esto:** van a haber días difíciles, críticas y momentos donde todo parecerá ir cuesta arriba. Pero cuando tienes claro tu objetivo y crees de verdad en él, esa fe es lo que te mantendrá firme, enfocado y decidido a no rendirte, pase lo que pase.

El caso de Steve Jobs y Apple

Steve Jobs, cofundador de Apple, es un ejemplo claro de lo que significa creer con todo el corazón en una idea. Imagina esto: mientras muchos dudaban y señalaban fallos en sus propuestas, él se mantenía firme, convencido de que su visión no solo era válida, sino que tenía el poder de cambiar el mundo. Jobs no veía límites, solo posibilidades. A pesar de enfrentar críticas y obstáculos, su fe en la innovación y en el impacto que Apple podía tener lo llevó a revolucionar industrias enteras. ¿Te imaginas un mundo sin los avances tecnológicos que hoy usamos a diario? Mucho de eso comenzó con esa convicción inquebrantable.

Creer en la grandeza de nuestros sueños es como plantar una semilla en tierra fértil. Esa creencia no solo nos da fuerza por dentro, sino que también dirige nuestras decisiones y nos ayuda a enfrentar cada reto con determinación. Cuando confías en tu potencial, todo lo demás se acomoda, porque estás dispuesto a darlo todo para hacer realidad lo que antes solo existía en tu mente.

5. Tomar decisiones firmes

La decisión es lo que marca la diferencia. Si ya creemos en nuestros sueños y hemos trazado metas claras, ahora toca dar el paso hacia adelante. La indecisión es como un ancla que nos deja varados, mientras que la acción es ese viento que impulsa nuestras velas. Los barcos no se construyen para quedarse en el puerto, sino para surcar el mar, enfrentando olas y corrientes. Así que, con determinación, toca soltar amarras y avanzar.

Piensa en cuando aprendes a andar en bicicleta: si te quedas quieto, te caes. Pero si sigues pedaleando, aunque al principio sientas que te caes, vas a poder avanzar. La vida es igual: la acción constante nos mantiene en movimiento, nos da dirección y nos conecta con lo que anhelamos. Como dije antes, "cuando el perro anda de cacería, no siente las pulgas". Mantenernos activos es la clave para dejar atrás las excusas y alejarnos de la negatividad.

Es normal que surjan obstáculos, pero lo importante es no

quedarnos atrapados en la autocompasión. Necesitamos levantarnos, sacudirnos y avanzar. Estar en acción es dar pasos hacia nuestras metas, aunque sean pequeños. Es como correr un maratón: hay quienes van a toda velocidad y otros a su propio ritmo, pero lo que importa es no detenerse. La inacción, en cambio, cierra todas las puertas y apaga cualquier posibilidad de éxito. Así que no lo pienses tanto... ¡Necesitas empezar ya!

Decidir para triunfar:
La importancia vital de la acción decisiva

En el camino hacia el éxito y la realización personal, la capacidad de tomar decisiones y actuar de manera decisiva es un factor determinante. Este capítulo explora cómo la decisión y la acción son fundamentales para transformar nuestros sueños en realidades tangibles y cómo la indecisión puede convertirse en un obstáculo significativo en nuestro camino hacia el éxito.

La naturaleza de la decisión

La decisión es el punto de inflexión entre el deseo y la acción. Es el momento en que comprometemos nuestra energía y nuestros recursos para avanzar hacia nuestras metas. Ser decisivo implica no solo tomar decisiones rápidamente, sino también comprometerse plenamente con el curso de acción elegido.

Ejemplo inspirador:
Elon Musk y la decisión de emprender en el espacio

Elon Musk, fundador de SpaceX, es un ejemplo notable de alguien que ha demostrado la importancia de la decisión en el éxito empresarial. A pesar de los enormes desafíos y obstáculos en la industria aeroespacial, Musk tomó la decisión audaz de emprender en el campo de los viajes espaciales reutilizables. Esta decisión no solo impulsó a SpaceX a convertirse en un líder en su sector, sino que también inspiró innovaciones revolucionarias en la exploración espacial.

La parálisis de la indecisión

Por otro lado, la indecisión puede paralizarnos y mantenernos estancados en nuestras vidas y carreras. Cuando dudamos en tomar decisiones importantes, perdemos oportunidades valiosas y nos arriesgamos a dejar pasar el momento adecuado para actuar. La indecisión puede surgir del miedo al fracaso, la falta de confianza en nuestras habilidades o simplemente la incapacidad de priorizar entre opciones.

Superando el miedo al fracaso

El miedo al fracaso es uno de los mayores obstáculos para la toma de decisiones decisivas. Sin embargo, es importante recordar que el fracaso es parte integral del proceso de aprendizaje y crecimiento. Las personas exitosas ven el fracaso como una oportunidad para aprender, ajustar su enfoque y mejorar sus estrategias. Al enfrentar el miedo al fracaso, con valentía, podemos liberarnos de la parálisis y avanzar con determinación hacia nuestros objetivos.

Acción decisiva: De la teoría a la práctica

Dar el siguiente paso y actuar con determinación no es solo cuestión de hablar bonito o hacer planes en nuestra cabeza. Es más que eso. Se trata de armarse de valor y entrenar tanto la mente como las habilidades que necesitamos para avanzar, porque nadie nace sabiéndolo todo. La acción decisiva se aprende, como cuando un niño se lanza por primera vez al agua y, con cada brazada, descubre que puede nadar. Así, cada decisión nos empuja hacia adelante.

Tomar acción requiere compromiso, esa chispa interna que nos dice: "¡Es ahora o nunca!". Si algo he aprendido, es que no necesitamos ser expertos para comenzar, pero sí debemos estar dispuestos a aprender en el camino. Es como cuando siembras una semilla: al principio no ves nada, pero la cuidas bien, confiando en que un día brotará. Así funcionan nuestras metas, requieren paciencia, esfuerzo y, sobre todo, actuar con intención.

Compromiso con la acción

Una vez que tomamos una decisión, es crucial comprometernos plenamente con la acción. Esto implica establecer un plan claro y detallado, asignar recursos necesarios y seguir adelante con pasos concretos hacia nuestras metas. La acción consistente y enfocada nos acerca cada vez más a nuestros sueños y fortalece nuestra confianza en nuestro camino elegido.

Aprendizaje y adaptación

La toma de decisiones implica riesgos y oportunidades de aprendizaje. Es fundamental estar dispuesto a aprender de nuestros errores y fracasos, además de ajustar nuestro enfoque según las lecciones aprendidas. Esta capacidad de adaptación nos permite mantenernos ágiles y responder efectivamente a los desafíos cambiantes en nuestro camino hacia el éxito.

Ejemplo práctico: Emprender un negocio

Imagina que deseas emprender un negocio. La decisión inicial de lanzarte al emprendimiento requiere coraje y claridad de visión. Una vez que has decidido, es fundamental actuar rápidamente para desarrollar un plan de negocio, validar tu idea y ejecutar estrategias de marketing y ventas. La acción decidida te llevará a superar los obstáculos iniciales y te acercará a establecer una empresa exitosa.

La capacidad de tomar decisiones y actuar de manera decisiva es esencial para alcanzar el éxito y la realización personal. La acción impulsada por decisiones claras y rápidas nos permite superar la indecisión y avanzar hacia nuestros sueños con determinación.

CAPÍTULO 14

SEGUNDO PILAR:
EL PODER DE LA ACCIÓN

Entre otras cosas, en este capítulo, hablaremos de algo esencial para tus metas: las personas que te rodean. Esas que, con su ejemplo o sus palabras, te inspiran a dar más de ti, que te desafían a salir de tu zona de confort y, cuando lo necesitas, te dan el empujón que hace falta. Aprenderás cómo rodearte de ese tipo de gente que suma a tu vida y te ayuda a mantenerte enfocado en lo que realmente importa.

También exploraremos cómo mantener vivo ese fuego interno que te impulsa a seguir adelante, incluso cuando el camino se pone complicado. Porque crecer no es solo cuestión de trabajar duro; se trata de aprender a fortalecer lo que llevas dentro y de construir relaciones que te empujen hacia arriba. Además, veremos cómo trazar un plan claro y sencillo que te ayude a avanzar, no solo en tus metas personales, sino también en lo que compartes y construyes con los demás. Esto no es un viaje en solitario; juntos, siempre se llega más lejos.

6. Círculo de influencia

Somos el promedio de las cinco personas con las que más convivimos. Esto resalta la importancia de rodearnos de personas **que reflejen los valores y objetivos que aspiramos alcanzar.** Si te rodeas de personas que no tienen tus mismas aspiraciones, es probable que termines adaptándote a sus hábitos y estilos de vida, en lugar de alcanzar tus propias metas.

Si nos asociamos con personas tóxicas, existe la posibilidad de adoptar comportamientos similares. Es fundamental ser conscientes del entorno y de quienes nos rodean. Recuerdo claramente mi llegada a Estados Unidos, lleno de sueños y determinación. Sin embargo, el ambiente en el que inicialmente me encontré, donde predominaba una rutina de trabajo, televisión y cerveza, no era lo que yo buscaba. Me di cuenta de que para alcanzar mis metas, necesitaba cambiar de entorno.

Así que decidí desintoxicar mi círculo de influencia y rodearme de personas que compartieran mi visión de progreso. Esto implicó alejarme de aquellos que no contribuían positivamente a mi crecimiento y buscar aquellos que sí lo hacían. Esta decisión **fue crucial para**

mi desarrollo, ya que me permitió aprender de quienes tenían una mentalidad de superación y éxito, para así evitar a quienes, por el contrario, podrían arrastrarme hacia sus hábitos improductivos. En conclusión, el círculo de influencia es vital: debemos rodearnos de personas que nos inspiren, motiven y apoyen en nuestra jornada hacia el éxito.

Elige tu círculo de influencia. Es importante analizar con quién vamos a pasar más tiempo y en qué ambiente se mueven. Si no vemos futuro, entonces tendremos que empezar a crear un nuevo ambiente. Así que, construyamos y cuidemos nuestro círculo de influencia; esto está en nuestras manos.

La importancia de cuidar nuestro círculo de influencia

En la vida, nuestras relaciones y las personas con las que nos rodeamos juegan un papel crucial en la configuración de nuestra identidad y en el logro de nuestras metas. La importancia de cuidar nuestro círculo de influencia no puede ser subestimada. Las personas con las que interactuamos regularmente tienen un impacto significativo en nuestras creencias, comportamientos y, en última instancia, en nuestro éxito.

La influencia de nuestro entorno

Desde una edad temprana, comenzamos a aprender y adoptar comportamientos y actitudes de quienes nos rodean. Los amigos, familiares, compañeros de trabajo y mentores juegan un papel fundamental en la formación de nuestras percepciones del mundo. Estas interacciones moldean nuestra mentalidad, afectando nuestra capacidad para enfrentar desafíos y aprovechar oportunidades.

Es esencial reconocer que nuestro círculo de influencia actúa como un espejo que refleja nuestras aspiraciones y valores. Si nos rodeamos de personas que comparten nuestros objetivos y nos animan a crecer, es más probable que alcancemos nuestras metas. Por el contrario, si nuestro entorno está compuesto por individuos que carecen de ambición o que no apoyan nuestras aspiraciones, corremos el riesgo de estancarnos y adaptarnos a un estilo de vida que no refleja nuestras verdaderas capacidades.

La regla de las cinco personas

Uno de los conceptos más reveladores en este contexto es la idea de que somos el promedio de las cinco personas con las que más tiempo pasamos. Este principio subraya la necesidad de seleccionar cuidadosamente a aquellos que permitimos en nuestro círculo íntimo. Al evaluar las cualidades y comportamientos de estas personas, podemos obtener una visión clara de hacia dónde nos dirigimos en nuestra vida personal y profesional.

Por ejemplo, si te rodeas de personas que tienen una mentalidad positiva, una fuerte ética de trabajo y una actitud de aprendizaje continuo, es probable que estas cualidades se reflejen en tu propio comportamiento. Por otro lado, si las personas a tu alrededor son pesimistas, complacientes o carecen de ambición, estas actitudes pueden influir negativamente en tu propia perspectiva y motivación.

La importancia de los mentores y modelos a seguir

Otra dimensión crucial de nuestro círculo de influencia es la presencia de mentores y modelos a seguir. Estas figuras pueden proporcionar orientación, inspiración y retroalimentación constructiva, que nos ayudan a mejorar y a superar obstáculos. Los mentores aportan una perspectiva externa y experiencia valiosa que puede acelerar nuestro crecimiento personal y profesional.

Elegir mentores que encarnen los valores y logros que aspiramos alcanzar puede ser una herramienta poderosa en nuestro desarrollo. Estos individuos no solo nos ofrecen consejos, sino que también nos motivan a alcanzar niveles más altos de desempeño. Además, observar cómo manejan desafíos y aprovechan oportunidades nos proporciona un marco de referencia para nuestras propias acciones.

Construyendo un círculo de influencia positivo

Para cultivar un círculo de influencia que nos apoye y potencie, es necesario tomar decisiones intencionales sobre con quién pasamos nuestro tiempo. Aquí hay algunas estrategias para construir un entorno positivo y enriquecedor:

1. Evaluación de las relaciones. Piensa en las cinco personas con las que más convives. ¿Te inspiran? ¿Te motivan? ¿Comparten valores, aspiraciones, metas? Identifica aquellas relaciones que contribuyen positivamente a tu crecimiento.

2. Búsqueda de nuevas conexiones. Expande tu red social y profesional. Participa en eventos, seminarios y comunidades que alineen con tus intereses y objetivos. Esto te permitirá conocer a personas que pueden añadir valor a tu vida.

3. Mantenimiento de relaciones nutritivas. Cultiva y fortalece las relaciones que te aportan. Invierte tiempo y esfuerzo en estas conexiones, asegurándote de que sean recíprocas y basadas en apoyo mutuo.

4. Eliminar las influencias negativas. ¿Te has dado cuenta de cómo ciertas personas, sin querer, nos jalan hacia abajo como si fueran anclas? No se trata de cortar lazos de golpe, ni de alejarnos sin más, pero sí de establecer límites que cuiden nuestra energía y nuestro enfoque. Hay que aprender a reconocer cuándo alguien no está aportando a nuestra vida y, con cariño, tomar distancia cuando sea necesario.

Cuidar a quién dejamos entrar en nuestro círculo es como elegir los ingredientes de una receta: si usas lo mejor, el resultado será increíble; si no, el sabor se arruina. Las personas que nos rodean influyen en nuestras decisiones, en nuestras metas y, muchas veces, en cómo nos sentimos.

Por eso, rodearnos de quienes reflejan nuestros valores y nos inspiran a soñar en grande no es opcional, es vital.

No olvidemos algo importante: somos el promedio de las personas con las que más convivimos. Así que, ¿por qué no elegir estar cerca de quienes nos elevan? La vida es demasiado corta como para vivirla a medias. Nuestro entorno puede ser ese motor que nos impulse a ser mejores cada día, pero depende de nosotros elegir con sabiduría a las personas que formarán parte de nuestro camino.

7. El desarrollo de nuevos hábitos

Pensemos por un momento: ¿qué hacemos todos los días? Los hábitos son como los cimientos de una casa; si son sólidos, lo que construyamos encima se mantendrá en pie, pero si no, todo se caerá. ¿Cuántos de nosotros comenzamos el día revisando redes sociales en lugar de darle un buen empujón a nuestro cuerpo y mente? Algunos optan por un desayuno lleno de energía, mientras otros terminan comiendo lo primero que encuentran, sin pensar en las consecuencias.

Los hábitos no solo afectan cómo comemos, sino también cómo pensamos y vivimos. Muchos problemas de salud no son más que el reflejo de años de malas costumbres. Y claro, es fácil decir "es hereditario", pero lo que realmente heredamos muchas veces son los mismos malos hábitos.

Si seguimos ese camino, no solo nos afectamos a nosotros mismos, sino también a quienes nos rodean, **especialmente a nuestros hijos**. Ellos aprenden con los ojos; imitan lo que hacemos, no lo que decimos. Por eso es crucial mostrarles hábitos que les sirvan para crecer.

Imagínate levantarte temprano, estirarte, dar gracias por un nuevo día, hacer algo de ejercicio y llenarte la mente con cosas positivas, como un buen libro o un audiolibro. Cambiar ese noticiero negativo por algo que te inspire. Son pequeños ajustes, pero marcan una gran diferencia. Los hábitos de las personas exitosas son un mapa que podemos seguir. Si nos rodeamos de esas personas, aprenderemos qué los llevó a donde están, en lugar de quedarnos atrapados con quienes no avanzan.

Ahora, seamos honestos: cambiar hábitos no es fácil. Están tan acostumbrados que muchas veces ni siquiera sabemos por qué hacemos ciertas cosas. Déjame contarte una historia: una niña veía a su mamá cocinar pescado. Notó que siempre le cortaba la cabeza y la cola antes de ponerlo en la sartén. Llena de curiosidad, le preguntó a su mamá por qué lo hacía. La respuesta fue un clásico: "Así lo hacía tu abuela". Entonces, fue con la abuela, quien explicó: "En mis tiempos, el sartén era tan pequeño que no cabía el pescado entero, por eso lo cortábamos". Y ahí estaba: un hábito sin sentido, heredado por costumbre.

Lo mismo pasa con nuestros propios hábitos. Muchos los seguimos sin cuestionarlos, sin pensar si realmente nos están ayudando o frenando. Así que, ¿por qué no empezar hoy mismo a construir hábitos que nos lleven a donde queremos estar? Al final, son esos pequeños cambios diarios los que transforman nuestra vida entera.

La importancia de los buenos hábitos y hábitos productivos

En nuestro camino hacia el éxito y la autorrealización, los hábitos juegan un papel crucial. Los hábitos son las rutinas y comportamientos que realizamos de manera regular, con frecuencia, sin pensarlo conscientemente. Estos comportamientos, ya sean positivos o negativos, se acumulan con el tiempo y tienen un impacto significativo en nuestras vidas. Exploremos la importancia de desarrollar buenos hábitos y hábitos productivos, además de cómo estos pueden transformar nuestras vidas para mejor.

La formación de hábitos: Mito y realidad

Existe un mito común de que los hábitos se forman de la noche a la mañana. Sin embargo, la realidad es que la creación de un nuevo hábito requiere tiempo, consistencia y esfuerzo. Investigaciones sugieren que se necesita un promedio de veintiún días para formar un nuevo hábito. Este período es crucial, ya que es el tiempo durante el cual nuestro cerebro y cuerpo comienzan a adaptarse a una nueva rutina.

Es importante entender esto, porque muchas personas se desaniman cuando no ven resultados inmediatos. La paciencia y la persistencia son esenciales. Reconocer que la formación de hábitos es un proceso gradual nos permite mantenernos comprometidos y no abandonar nuestros objetivos ante los primeros obstáculos.

La importancia de los buenos hábitos

Los buenos hábitos son fundamentales para el bienestar físico, mental y emocional. Pensemos en los hábitos que hemos mantenido a lo largo de los años. Las diferencias en las rutinas diarias pueden parecer pequeñas, pero tienen un impacto acumulativo significativo.

Los buenos hábitos, como una alimentación equilibrada, el ejercicio regular, la meditación y la lectura, contribuyen a nuestra salud y felicidad general. Nos proporcionan una base sólida para enfrentar los desafíos diarios y nos ayudan a mantener una perspectiva positiva y proactiva.

Hábitos de campeones: El camino al éxito

Cuando pensamos en personas exitosas, admiramos sus logros y capacidades. Sin embargo, detrás de cada historia de éxito hay una serie de hábitos bien establecidos que han sido cultivados con el tiempo. Los hábitos de campeones son aquellos que nos impulsan hacia nuestras metas y nos permiten alcanzar nuestro máximo potencial.

Desarrollar hábitos de campeones implica adoptar prácticas que nos acerquen a nuestros objetivos. Estos pueden incluir la planificación diaria, el establecimiento de metas claras, la autoevaluación regular y el aprendizaje continuo. Al integrar estos hábitos en nuestra vida diaria, creamos un entorno propicio para el crecimiento y el éxito.

La práctica de hábitos productivos

Los hábitos productivos son aquellos que nos ayudan a utilizar nuestro tiempo y nuestra energía de manera eficiente. La productividad no se trata solo de hacer más cosas, sino de hacer las cosas correctas. Al desarrollar hábitos productivos, podemos maximizar nuestro rendimiento y alcanzar nuestras metas de manera más efectiva.

Algunos ejemplos de hábitos productivos incluyen la organización y priorización de tareas, el establecimiento de rutinas diarias, la eliminación de distracciones y la práctica de la atención plena. Estos hábitos nos permiten enfocarnos en lo que realmente importa y nos ayudan a mantenernos en el camino correcto.

Transformando nuestra vida a través de los hábitos

La clave para transformar nuestra vida a través de los hábitos es la consistencia. Aquí hay algunas estrategias para desarrollar y mantener buenos hábitos y hábitos productivos:

1. Establecer metas claras. Define qué hábitos quieres desarrollar y por qué son importantes para ti. Tener una visión clara te ayudará a mantenerte motivado.

2. Empezar poco a poco. No intentes cambiar todos tus hábitos de una vez. Comienza con uno o dos hábitos y construye gradualmente a partir de ahí.

3. Crear un plan de acción. Desarrolla un plan detallado sobre cómo vas a incorporar el nuevo hábito en tu vida diaria. Establece recordatorios y utiliza herramientas como calendarios y aplicaciones de seguimiento.

4. Ser paciente y persistente. Recuerda que la formación de hábitos lleva tiempo. Mantén la paciencia y sigue adelante, incluso si enfrentas obstáculos.

5. Buscar apoyo. Rodéate de personas que te apoyen en tu proceso de desarrollo de hábitos. Comparte tus metas con amigos o familiares que puedan ofrecerte motivación y retroalimentación.

Los hábitos son **los bloques de construcción de nuestra vida**. Los buenos hábitos y los hábitos productivos nos permiten alcanzar nuestros objetivos y vivir una vida plena y satisfactoria. Al comprender el proceso de formación de hábitos y aplicar estrategias efectivas, podemos transformar nuestras rutinas diarias y, en última instancia, nuestra vida.

Recuerda que cada pequeño paso cuenta. Al desarrollar

y mantener buenos hábitos, no solo mejoramos nuestra propia vida, sino que también inspiramos a quienes nos rodean a hacer lo mismo. El viaje hacia el éxito comienza con la decisión de adoptar hábitos que nos impulsen hacia adelante y cada día es una nueva oportunidad para hacer precisamente eso.

8. La importancia de alimentar nuestra fe

Al alimentar nuestra fe, **matamos de hambre nuestros miedos**. A pesar de las dificultades, no debemos olvidar nuestra fe, incluso cuando no vemos resultados inmediatos. Mantener la fe, especialmente en momentos oscuros o cuando no vemos una salida clara, es esencial para superar obstáculos y seguir avanzando hacia nuestras metas.

Así me pasó en mis peores momentos: mi fe fue el faro que me iluminaba cuando todo parecía oscuro. No era una creencia cualquiera, vacía o pasajera. La cultivaba cada día, como quien riega una planta para que crezca fuerte. La fe es como un escudo que no deja que el miedo se cuele en nuestro corazón. Cuando tenemos una fe sólida, podemos confiar en que nuestras metas están al alcance, incluso si ahora no vemos resultados claros o si el camino parece interminable. Algunos llegarán más rápido, otros tomarán desvíos, pero lo importante es nunca dejar de creer que al final todos podemos llegar.

Por eso es crucial cuidar nuestra fe. Debemos confiar en que hay algo más grande guiando nuestro camino, que no estamos solos en esta travesía. Tener fe es como sostener una antorcha que nos ayuda a avanzar, incluso cuando la noche parece eterna.

La importancia de tener fe y actuar con fe

La fe es un componente esencial en el viaje hacia el logro de nuestros sueños y nuestras metas. Es esa **fuerza invisible** que nos impulsa a seguir adelante, incluso cuando no tenemos todas las respuestas o no podemos ver el camino completo delante de nosotros. Tener fe y actuar con toda la fe no solo nos permite soñar en grande, sino que también nos da el valor para tomar los pasos necesarios hacia esos sueños. Este capítulo explora la importancia de la fe y cómo puede transformar nuestras vidas.

La naturaleza de la fe

La fe es un concepto que trasciende lo tangible. No se puede ver ni tocar, pero se puede sentir y vivir intensamente. La fe es la certeza de lo que esperamos y la convicción de lo que no vemos. Es creer en lo invisible y confiar en lo desconocido. Esta creencia inquebrantable nos proporciona una base sólida sobre la cual podemos construir nuestros sueños y nuestras aspiraciones.

Para lograr cualquier cosa en la vida, primero debemos tener fe. La fe es el primer paso, incluso antes de dar cualquier otro. Sin fe, nuestros esfuerzos pueden parecer vacíos y sin dirección. Con fe, cada acción que tomamos está impregnada de propósito y significado. Esta fe nos permite persistir, incluso cuando los resultados no son inmediatos y los desafíos parecen insuperables.

Alimentar la fe y matar de hambre a los miedos

Como te dije anteriormente, uno de mis mentores me enseñó que al alimentar nuestra fe, matamos de hambre nuestros miedos. En esta poderosa lección aprendí la importancia de **mantenernos enfocados en nuestras creencias y esperanzas**, en lugar de dejar que los miedos y las dudas nos paralicen. La fe y el miedo no pueden coexistir; uno siempre desplazará al otro. Por lo tanto, es crucial cultivar una fe fuerte y vibrante para mantener los miedos a raya.

La vida está llena de incertidumbres y dificultades. Enfrentamos situaciones que desafían nuestra paciencia, resistencia y capacidad de seguir adelante. Sin embargo, es en estos momentos de oscuridad y duda donde la fe se convierte en nuestro faro. Nos guía a través de las tormentas y nos da la fortaleza para continuar, incluso cuando el camino no es claro.

La fe en acción

Tener fe no es simplemente un ejercicio mental, requiere acción. La verdadera fe se manifiesta en los pasos que tomamos, en las decisiones que hacemos y en la perseverancia que mostramos ante las adversidades. Actuar con fe significa dar pasos audaces hacia nuestras metas, confiando en que el camino se abrirá ante nosotros, incluso si no podemos ver cada detalle.

Cada pequeño paso que damos con fe nos acerca a nuestras metas. Puede que no veamos resultados inmediatos, pero cada acción construye sobre la anterior, creando un impulso que eventualmente lleva al éxito. La fe nos permite mantenernos enfocados en el objetivo final, sin dejarnos desanimar por los contratiempos temporales.

Mantener la fe en tiempos difíciles

Es fácil tener fe cuando todo va bien, pero la verdadera prueba de nuestra fe viene en tiempos de dificultad. Cuando enfrentamos obstáculos y desafíos que parecen insuperables, nuestra fe es puesta a prueba. Es en estos momentos cuando necesitamos recordar por qué empezamos y mantener la fe en que nuestros esfuerzos darán frutos.

Mantener la fe durante los momentos oscuros requiere una mentalidad fuerte y resiliente. Debemos recordar nuestras razones y metas, nuestros sueños. Al mantenernos enfocados en lo positivo y en lo que podemos controlar, podemos superar cualquier desafío que se nos presente. La fe nos da la fuerza para continuar, incluso cuando todo parece perdido.

Estrategias para fortalecer la fe

Fortalecer nuestra fe es un proceso continuo. Aquí hay algunas estrategias para mantener y aumentar nuestra fe:

1. Visualización. Imaginar el éxito y visualizar nuestras metas alcanzadas nos ayuda a mantenernos enfocados y motivados. La visualización crea una imagen mental poderosa que nos impulsa a seguir adelante.

2. Afirmaciones positivas. Repetir afirmaciones positivas refuerza nuestra creencia en nuestras capacidades y en la posibilidad de alcanzar nuestros sueños. Las afirmaciones ayudan a reprogramar nuestra mente para el éxito.

3. Rodearse de apoyo. Mantenernos en compañía de personas que nos apoyen y crean en nosotros fortalece nuestra fe. Las palabras y acciones de apoyo de los demás nos proporcionan el ánimo necesario para seguir adelante.

4. Reflexión y gratitud. Tomarse el tiempo para reflexionar sobre nuestras bendiciones y logros pasados nos recuerda que somos capaces de superar desafíos. La gratitud nos ayuda a enfocarnos en lo positivo y a mantener una perspectiva optimista.

5. Persistencia y paciencia. La fe requiere de persistencia y paciencia. Debemos estar dispuestos a seguir adelante, incluso cuando no vemos resultados inmediatos. La paciencia nos permite confiar en el proceso y en que nuestros esfuerzos eventualmente darán frutos.

La fe es la piedra angular de cualquier logro significativo. Es la fuerza que nos impulsa a soñar en grande y a tomar medidas audaces hacia esos sueños. Al alimentar nuestra fe, matamos de hambre a nuestros miedos y nos equipamos para enfrentar cualquier desafío que se nos presente. Mantener la fe, especialmente en tiempos difíciles, es esencial para superar obstáculos y seguir avanzando hacia nuestras metas.

La vida es un viaje lleno de altibajos, pero con fe, podemos navegar por cualquier tormenta y emerger más fuertes y resilientes. La fe nos da el coraje para actuar, la fortaleza para perseverar y la esperanza de que nuestros sueños se harán realidad. Al final, es la fe la que nos lleva más allá de nuestros límites y nos permite alcanzar nuestro máximo potencial.

9. Planificar nuestro éxito

El éxito no es cosa de suerte; **es el resultado directo de decisiones bien pensadas y acciones planeadas con intención**. Podemos tener fe, soñar en grande y estar dispuestos a actuar, pero sin un plan claro, todo eso queda en el aire. Es como querer viajar de una ciudad a otra sin saber qué ruta tomar. Necesitamos organizarnos, definir cómo llegaremos, cuánto tiempo tomará y estar listos para enfrentar cualquier imprevisto que aparezca en el camino. Por eso siempre es útil tener un plan A y un plan B, pero lo que nunca debemos hacer es quedarnos quietos o retroceder. Un buen plan nos da dirección y confianza para seguir avanzando hacia lo que queremos.

Algo importante de tener un plan es que no solo nos beneficia a nosotros, sino que también nos permite guiar a otros. Piensa en el ejemplo de McDonald's. Aunque sus fundadores ya no están, su visión sigue generando frutos porque dejaron un sistema bien pensado que funciona como un reloj. De la misma manera, cada uno de nosotros necesita diseñar un "sistema operativo" para su vida: un plan que nos impulse a cumplir nuestras metas y que, además, nos permita ayudar a otros a cumplir las suyas. Con un buen plan, no solo avanzamos nosotros, sino que inspiramos a quienes nos rodean a caminar con nosotros hacia el éxito.

La importancia de planificar nuestro éxito intencionalmente

El éxito no es el resultado del azar o la suerte, sino de la planificación y la acción deliberada. Para alcanzar nuestros sueños y nuestras metas, debemos trazar un camino claro y seguirlo con determinación. La planificación es una herramienta esencial que nos permite convertir nuestras aspiraciones en realidad. Este capítulo explora la importancia de planificar nuestro éxito de manera intencional y cómo hacerlo efectivamente.

El papel de la planificación en el éxito

La planificación es el proceso de definir nuestras metas y los pasos necesarios para alcanzarlas. Sin un plan, nuestras acciones carecen de dirección y propósito. Un plan bien estructurado **actúa como un mapa que nos guía** desde nuestro punto de partida hasta nuestro destino deseado. Sin esta guía, es fácil perderse en el camino y desviarse de nuestros objetivos.

El éxito es el resultado de acciones previas y planificadas. Podemos tener fe, desear y actuar, pero es fundamental tener un plan concreto. Al planificar, preparamos el terreno y nos aseguramos de que estamos listos para enfrentar cualquier desafío que pueda surgir en nuestro camino.

La necesidad de un plan de acción

Para que un sueño deje de ser solo un deseo y se convierta en realidad, necesitamos más que buenas intenciones; necesitamos un **plan de acción claro y bien pensado.** Este plan debe incluir metas concretas, plazos específicos y los pasos necesarios para llegar a donde queremos. Es como trazar un mapa antes de un viaje: al saber exactamente hacia dónde vamos y cómo llegaremos, el camino se siente más manejable y menos incierto.

Por ejemplo, si quieres ir de tu casa a otro lugar, no basta con salir a caminar. Necesitas decidir por dónde ir, cuánto tiempo te llevará y qué harás si te encuentras con un desvío o una calle cerrada. Por eso es útil tener siempre un plan A y un plan B, para que estés preparado para cualquier sorpresa. Un buen plan es como un faro en la niebla: te guía con claridad y te ayuda a evitar improvisaciones que podrían hacerte perder el rumbo. Con un plan bien armado, cada paso que das tiene propósito y dirección.

Componentes de una planificación efectiva

1. Definición de metas claras. El primer paso en la planificación del éxito es definir metas claras y alcanzables. Estas metas deben ser específicas, medibles, alcanzables, relevantes y con un plazo definido. Al tener metas claras, sabemos exactamente lo que queremos lograr y podemos enfocar nuestros esfuerzos en alcanzarlas.

2. Desglose de metas en pequeños pasos. Una vez que tenemos nuestras metas, es crucial desglosarlas en pasos más pequeños y manejables. Esto nos permite abordar cada tarea de manera incremental, lo que facilita el progreso y reduce la sensación de estar abrumados.

3. Establecimiento de plazos. Fijar plazos es como ponerle una brújula a nuestros sueños: nos mantienen enfocados y nos recuerdan que cada día cuenta. Cuando asignamos fechas específicas para cada paso de nuestro plan, creamos un sentido de urgencia que nos empuja a pasar de las ideas a la acción. Los plazos no solo nos ayudan a avanzar, sino que también nos permiten medir cuánto hemos progresado. Y si algo no va según lo planeado, podemos hacer ajustes para retomar el rumbo sin perder tiempo.

4. Consideración de contingencias. La vida es impredecible y, a menudo, nos enfrentamos a obstáculos inesperados. Al planificar, es importante considerar posibles contingencias y tener un plan B. Esto nos permite adaptarnos a las circunstancias cambiantes sin perder de vista nuestras metas.

5. Evaluación y ajuste continuo. La planificación no es un proceso estático. A medida que avanzamos, es fundamental evaluar nuestro progreso y ajustar nuestro plan según sea necesario. La flexibilidad y capacidad de adaptación son clave para mantenerse en el camino correcto.

La ejecución del plan

Una vez que hemos creado un plan sólido, el siguiente paso es ejecutarlo. La ejecución requiere disciplina, compromiso y perseverancia. Aquí hay algunas estrategias para asegurarnos de que seguimos nuestro plan de manera efectiva:

1. Compromiso diario. Dedicar tiempo cada día para trabajar en nuestros objetivos nos ayuda a mantenernos en el camino correcto. La consistencia es esencial para el progreso continuo.

2. Seguimiento del progreso. Mantener un registro de nuestros avances nos permite ver cuánto hemos logrado y qué áreas necesitan más atención. Esto nos motiva y nos proporciona una visión clara de nuestro progreso.

3. Mantenimiento de la motivación. La motivación puede fluctuar, pero es importante encontrar maneras de mantenerla alta. Celebrar pequeños logros, buscar apoyo en amigos o mentores y recordar nuestras razones para perseguir nuestras metas nos ayuda a mantenernos motivados.

4. Persistencia ante los obstáculos. Los desafíos son inevitables, pero la forma en que los enfrentamos determina nuestro éxito. Mantener una actitud positiva y resiliente nos permite superar los obstáculos y seguir adelante.

La importancia de la flexibilidad

Aunque la planificación es crucial, también debemos ser flexibles. Las circunstancias cambian y, a veces, necesitamos ajustar nuestro plan. La capacidad de adaptarnos a nuevas situaciones y revisar nuestras estrategias nos permite mantenernos en el camino hacia el éxito, incluso cuando enfrentamos imprevistos.

La flexibilidad no significa abandonar nuestras metas, sino encontrar nuevas formas de alcanzarlas. Es importante mantener una mentalidad abierta y estar dispuestos a aprender y crecer a lo largo del camino.

Planear nuestro éxito de manera intencional es como dibujar un mapa para llegar a un tesoro: sin ese trazo claro, es fácil perderse en el camino. Un buen plan nos da la claridad y la dirección que necesitamos para avanzar con seguridad, sin dar vueltas innecesarias. Cuando establecemos metas claras, las dividimos en pasos pequeños y alcanzables, fijamos fechas límite y consideramos posibles imprevistos, construimos un camino sólido hacia nuestros sueños. Este plan no solo nos mantiene firmes, sino también lo suficientemente flexibles para adaptarnos si el terreno cambia, asegurándonos de seguir avanzando pase lo que pase.

La ejecución disciplinada del plan, junto con la capacidad de adaptarse a los cambios, nos permite superar obstáculos y mantenernos en el camino hacia nuestras metas. **Recordemos que el éxito no llega por suerte, sino por la planificación y la acción intencional.** Al planificar nuestro éxito, preparamos el terreno para un futuro lleno de logros y satisfacción.

CAPÍTULO 15
TERCER PILAR:
EL PODER DE LA PASIÓN

"La pasión es el fuego que enciende tus días. Sin ella, solo sobrevives. Con ella, vives al máximo".

— ALEXIS ADAME

La pasión es un fuego interno que, si lo mantienes vivo, te impulsa a superar cualquier obstáculo. Las personas que alcanzan sus metas no solo sueñan, tienen un deseo tan intenso que ningún contratiempo puede apagarlos. En este capítulo, quiero hablar contigo sobre la fuerza transformadora de la pasión, cómo puede darle un giro a tu vida y tocar las de quienes te rodean. Prepárate, porque aquí descubrirás las claves que te ayudarán a mantener el rumbo y avanzar con todo hacia el éxito...

La importancia de la pasión en todo lo que hacemos

La pasión es el motor que impulsa nuestras vidas, nos llena de energía y nos inspira a alcanzar nuestras metas. **Es el fuego interno que nos motiva a levantarnos cada mañana con entusiasmo y nos mantiene despiertos hasta altas horas de la noche**, trabajando en lo que amamos.

La pasión como motor de la felicidad

Hacer las cosas con pasión nos convierte en personas más felices y plenas. Cuando nos apasionamos por lo que hacemos, encontramos un propósito y una razón para vivir cada día con alegría y entusiasmo. La pasión nos da una sensación de satisfacción y nos permite disfrutar plenamente de cada momento.

La felicidad que proviene de la pasión se irradia hacia todos los aspectos de nuestra vida. Nos volvemos más optimistas, resilientes y capaces de enfrentar los desafíos con una actitud positiva. Esta felicidad no solo nos beneficia a nosotros mismos, sino que también se refleja en nuestras relaciones con los demás, creando un ambiente positivo y enriquecedor a nuestro alrededor.

La pasión como impulso para ayudar y servir

Una de las manifestaciones más poderosas de la pasión es **el deseo de ayudar y servir a los demás**. Cuando nos apasionamos por lo que hacemos, sentimos una profunda necesidad de compartir nuestro conocimiento, nuestras habilidades y nuestros recursos para mejorar la vida de otras personas. La pasión nos impulsa a ser generosos y a buscar maneras de hacer una diferencia significativa en el mundo.

Servir con pasión significa ir más allá de lo esperado. Nos esforzamos por ofrecer lo mejor de nosotros mismos en cada interacción, proyecto o tarea. Esta dedicación no solo beneficia a quienes reciben nuestra ayuda, sino que también nos proporciona una gran satisfacción personal y un sentido de realización.

La transformación a través de la pasión

La pasión tiene el poder de transformar nuestras vidas y las de quienes nos rodean. Cuando estamos apasionados por lo que hacemos, nos convertimos en agentes de cambio; inspiramos a otros con nuestro entusiasmo y dedicación; y motivamos a quienes nos rodean a seguir sus propias pasiones y alcanzar sus metas.

Al vivir con pasión, elevamos nuestro nivel de compromiso y desempeño. Nos volvemos más creativos, innovadores y dispuestos a asumir riesgos. Esta actitud nos permite superar obstáculos y lograr cosas que parecían imposibles. La pasión nos lleva a un nivel superior de existencia, donde nada puede detenernos.

La pasión como fuente de motivación

La pasión es lo que nos mueve hacia adelante, incluso en los momentos más difíciles. Quienes logran grandes metas, tienen un deseo ardiente de completar su misión. Este deseo los levanta por la mañana y los mantiene enfocados hasta que alcanzan sus objetivos.

La motivación que proviene de la pasión es inagotable. Nos impulsa a seguir adelante, a pesar de los contratiempos y desafíos. Nos da la energía necesaria para trabajar incansablemente y nos mantiene enfocados en nuestras metas. La pasión nos proporciona la fuerza para perseverar y nunca rendirnos.

Cultivando la pasión

Para vivir una vida apasionada, es importante identificar lo que realmente nos mueve y llena de energía. Aquí hay algunas estrategias para cultivar y mantener la pasión en nuestras vidas:

1. Descubrir nuestras pasiones. Tomarnos el tiempo para reflexionar sobre lo que realmente nos apasiona es el primer paso. Esto puede implicar explorar nuevos intereses, probar diferentes actividades y escuchar nuestra voz interior.

2. Compromiso constante. Una vez que identificamos nuestras pasiones, es esencial comprometernos con ellas. Dedicar tiempo y esfuerzo a lo que amamos nos permite profundizar y fortalecer nuestra conexión con esas actividades.

3. Rodearnos de inspiración. Mantenernos en contacto con personas que comparten nuestras pasiones y que nos inspiran puede aumentar nuestro entusiasmo. Las comunidades y redes de apoyo nos proporcionan motivación y nuevas perspectivas.

4. Aprendizaje continuo. La pasión se alimenta del conocimiento y el crecimiento. Buscar oportunidades para aprender y mejorar nuestras habilidades nos mantiene motivados y comprometidos.

5. Mantener una mentalidad positiva. La actitud positiva es fundamental para mantener la pasión. Enfrentar los desafíos con una mentalidad optimista y ver cada obstáculo como una oportunidad de crecimiento nos ayuda a mantenernos apasionados.

La pasión es la chispa que enciende nuestra vida y nos impulsa hacia adelante. Al hacer las cosas con pasión, nos convertimos en personas más felices, comprometidas y capaces de transformar el mundo que nos rodea. La pasión nos da la fuerza para superar obstáculos, inspirar a otros y alcanzar nuestros sueños.

Vivir con pasión significa aprovechar cada momento, disfrutar de lo que hacemos y perseguir nuestras metas con determinación. Al cultivar y mantener nuestra pasión, no solo mejoramos nuestra propia vida, sino que también dejamos un impacto positivo en los demás. La pasión es el camino hacia una vida plena y significativa, y cada uno de nosotros tiene el poder de encender ese fuego interno y vivir con un propósito verdadero.

10. Aprendizaje continuo

Vivimos en un mundo que no para de cambiar. Lo que hoy es tendencia, mañana puede ser historia, especialmente en tecnología. Piensa en un celular: si no lo actualizas, empieza a fallar. Nosotros somos igual. Si no renovamos y ampliamos nuestro conocimiento, corremos el riesgo de quedarnos atrás.

El aprendizaje no tiene fecha de caducidad. Donde dejas de aprender, dejas de crecer. No podemos caer en la arrogancia de creer que ya lo sabemos todo o que ya aprendimos suficiente. Cuando nos estancamos, el mundo sigue avanzando sin nosotros. Por eso, el aprendizaje continuo no es opcional; es una herramienta indispensable para seguir siendo relevantes y alcanzar el éxito. Estar dispuestos a aprender, una y otra vez, abre puertas en la tecnología, los negocios y en cualquier ámbito de la vida.

Te soy honesto, yo vengo de la "vieja escuela". Viví una época sin internet, sin celulares, donde todo era manual. Pero eso no es una excusa para quedarme atrás. Lo veo como una ventaja: pertenecemos a una generación que ha visto ambas caras de la moneda, la era analógica y la digital. Esa dualidad nos da una perspectiva única y la posibilidad de adaptarnos constantemente a lo nuevo, ya sea en tecnología, información o estrategias para crear y crecer.

Para mí, aprender es un hábito, casi una adicción. Por ejemplo, cuando manejo, en lugar de escuchar la radio, pongo audiolibros. Es mi forma de aprovechar cada momento para absorber conocimiento de personas que ya lograron lo que yo aspiro. Mi carro se convierte en **una universidad rodante**, y mi casa, en una biblioteca. Te invito a hacer lo mismo. Esas pequeñas semillas de sabiduría que siembres cada día, pueden florecer en grandes proyectos y transformar tu vida.

Definitivamente, **el conocimiento te puede llevar al lugar que tú quieres**; si deseamos llegar ahí, necesitamos adquirir conocimientos nuevos. Es una necesidad imperante para avanzar: siempre estar aprendiendo y manteniéndonos actualizados.

La esencia del aprendizaje continuo

El aprendizaje continuo es como el oxígeno para nuestro crecimiento personal y profesional. Vivimos en un mundo que cambia tan rápido que si te quedas quieto, el tren del progreso te deja en la estación. Adaptarse y aprender cosas nuevas no es un lujo, es una necesidad. Es como afilar el machete antes de entrar a la selva: te da ventaja y te abre camino.

Ahora, piensa en esto: lo que hoy es novedad, mañana puede ser una antigüedad. Y te lo digo especialmente en el mundo de la tecnología. Un programa, una herramienta o una idea que ayer era revolucionaria, hoy puede estar olvidada como un cassette en el fondo de un cajón.

Por eso, aprender nunca puede ser algo que "dejemos para después". El aprendizaje constante no solo te mantiene actualizado con lo que está pasando, sino que te da las armas para enfrentar cualquier desafío que se te cruce. Cada vez que aprendes una habilidad nueva o adquieres un conocimiento útil, es como si agregaras una herramienta más a tu cinturón. Y créeme, eso te ayuda a resolver problemas más rápido, tomar mejores decisiones y, en última instancia, a construir una vida mejor.

Así que hazte el hábito de aprender siempre, como si fuera un deporte. No importa si son libros, audiolibros, cursos o pláticas con gente que sabe más que tú. La clave es nunca dejar que tu mente se quede oxidada, porque quien deja de aprender, se queda a la mitad del camino.

Beneficios del aprendizaje continuo

1. Crecimiento personal. El aprendizaje nos permite desarrollarnos como individuos; nos ayuda a comprender mejor el mundo que nos rodea y a encontrar nuevas formas de disfrutar y apreciar la vida.

2. Desarrollo profesional. En el ámbito laboral, el aprendizaje continuo es crucial para el avance de la carrera. Nos permite adquirir nuevas habilidades que pueden abrir puertas a nuevas oportunidades y aumentar nuestra empleabilidad.

3. Adaptabilidad. La capacidad de adaptarse a los cambios es una de las habilidades más valiosas en el mundo moderno. El aprendizaje continuo nos permite estar preparados para los cambios y adaptarnos rápidamente a nuevas situaciones.

4. Confianza y autoestima. A medida que adquirimos nuevos conocimientos y nuevas habilidades, nuestra confianza y autoestima aumentan. Nos sentimos más capaces, más listos y, sobre todo, con ganas de enfrentar los retos que antes nos parecían imposibles.

Mi propia experiencia con el aprendizaje continuo

Te lo digo por experiencia: me volví un devorador de libros. Uno tras otro, no hay día en que no esté dentro de una nueva lectura. ¿Por qué? Porque los libros son como mentores silenciosos que te enseñan sin pedir nada a cambio. **Si quieres crecer en la vida, necesitas llenarte de buenas ideas y conocimientos**. Leer es la forma más rápida de hacerlo.

No hablo de cualquier libro. Concéntrate en lecturas que te ayuden a crecer: temas de liderazgo, desarrollo personal, finanzas, inversiones y todo lo que alimente tu mente y tu visión. Esos libros tienen el poder de cambiar tu vida, porque cada página es como una puerta a nuevas oportunidades.

Te confieso algo: de niño no tuve la oportunidad de estudiar en grandes escuelas, pero eso no me detuvo. Aprendí que nunca es tarde para educarse, renovarse y mantenerse al día. Hoy, con esfuerzo y disciplina, sigo aprendiendo y eso me ha permitido avanzar, adaptarme y no quedarme atrás. La clave está en nunca conformarse y en darle a nuestra mente la gasolina que necesita para seguir avanzando.

Estrategias para fomentar el aprendizaje continuo

Adoptar el aprendizaje continuo como un hábito de vida requiere intención y esfuerzo. En este capítulo, exploraremos estrategias efectivas para fomentar el aprendizaje continuo y aprovechar al máximo las oportunidades de crecimiento.

Estrategias para el aprendizaje continuo

1. Haz de la lectura tu mejor hábito. La lectura es, sin duda, la herramienta más sencilla y poderosa para aprender. Es como tener acceso directo a la mente de los mejores en cualquier tema. Dedica aunque sea unos minutos al día para leer un buen libro o artículo que te nutra. Enfócate en lecturas que te hagan crecer: desarrollo personal, liderazgo, finanzas e inversiones. Cada página que lees es una semilla que tarde o temprano va a dar fruto.

2. Cursos y talleres. Tomar cursos o talleres, ya sea en persona o en línea, nos ayuda a desarrollar nuevas habilidades y obtener nuevos conocimientos de forma ordenada y práctica. No importa si estás empezando de cero o perfeccionando lo que ya sabes, siempre hay algo nuevo por descubrir. Hoy en día tienes plataformas como Coursera, Udemy, Google Actívate o edX que te ofrecen cursos sobre prácticamente cualquier tema que te interese. Son como universidades al alcance de un clic y, lo mejor de todo, puedes aprender a tu ritmo y desde donde quieras.

3. Networking y mentoría. Conectar con personas que comparten tus intereses y objetivos puede ser una fuente invaluable de aprendizaje. Busca mentores que puedan guiarte y proporcionarte valiosas perspectivas basadas en su experiencia.

4. Reflexión y autoevaluación. Tomarse el tiempo para

reflexionar sobre lo que has aprendido y cómo puedes aplicarlo en tu vida diaria es crucial. La autoevaluación te permite identificar áreas de mejora y establecer metas claras para tu crecimiento.

5. Desafiarse a uno mismo. Salir de tu zona de confort y asumir nuevos desafíos es una excelente manera de aprender. Participa en proyectos nuevos, asume responsabilidades adicionales y busca oportunidades que te empujen a crecer.

Crear un plan de aprendizaje personal

Para maximizar los beneficios del aprendizaje continuo, es importante crear un plan de aprendizaje personal. Este plan debe incluir tus metas de aprendizaje, los recursos que utilizarás y un cronograma para alcanzar tus objetivos. Al estructurar tu aprendizaje de esta manera, puedes asegurarte de que estás progresando de manera constante y efectiva.

El impacto del aprendizaje continuo en la vida y la carrera

El aprendizaje continuo no solo nos beneficia a nivel personal, sino que también tiene un impacto profundo en nuestra carrera y en las vidas de quienes nos rodean. Exploremos cómo el aprendizaje continuo puede transformar nuestras vidas y por qué es fundamental para el éxito a largo plazo.

El aprendizaje continuo en la carrera

En el mundo profesional, el aprendizaje continuo es esencial para el avance y el éxito. Aquí hay algunas formas en que el aprendizaje continuo puede impactar tu carrera:

1. Mejora de habilidades. El aprendizaje continuo te permite adquirir nuevas habilidades y mejorar las existentes. Esto te hace más valioso para tu profesión y te abre nuevas oportunidades de carrera.

2. Innovación y creatividad. Al estar expuesto a nuevas ideas y perspectivas, puedes desarrollar soluciones innovadoras y creativas para los problemas en tu trabajo o negocio.

3. Liderazgo y visión. Los líderes efectivos son aprendices constantes. Al mantenerse actualizados con las últimas tendencias y desarrollos en su campo, pueden tomar decisiones informadas y guiar a sus equipos hacia el éxito.

4. Adaptabilidad al cambio. En un entorno laboral en constante cambio, la capacidad de adaptarse rápidamente es crucial. El aprendizaje continuo te prepara para enfrentar cambios y te permite prosperar en cualquier situación.

El aprendizaje continuo y la vida personal

El impacto del aprendizaje continuo va más allá de la carrera y afecta profundamente nuestra vida personal. Ten en cuenta lo siguiente:

1. Enriquecimiento personal. Aprender cosas nuevas enriquece nuestra vida y nos proporciona una mayor comprensión del mundo. Nos ayuda a desarrollar una mentalidad abierta y curiosa.

2. Relaciones Interpersonales. Al aprender sobre comunicación, empatía y relaciones humanas, podemos mejorar nuestras interacciones y construir relaciones más fuertes y significativas.

3. Bienestar mental y emocional. El aprendizaje continuo puede tener un impacto positivo en nuestra salud mental y emocional. Nos proporciona un sentido de propósito y nos mantiene mentalmente activos.

4. Legado y ejemplo. Al comprometernos con el aprendizaje continuo, establecemos un ejemplo positivo para nuestras familias y comunidades. Inspiramos a otros a seguir nuestro ejemplo y a valorar la educación y el crecimiento personal.

El aprendizaje continuo es una herramienta poderosa que puede transformar nuestras vidas de manera profunda y significativa. Además, nos permite crecer como individuos, avanzar en nuestras carreras y contribuir positivamente a nuestras comunidades. Al adoptar el aprendizaje continuo como un hábito de vida, podemos alcanzar nuestro máximo potencial y vivir una vida plena y satisfactoria.

Nunca es tarde para comenzar a aprender. Ya sea a través

de la lectura, los cursos, la mentoría o la autoevaluación, siempre hay oportunidades para crecer y mejorar. Así como un teléfono celular necesita actualizaciones constantes, nosotros también debemos renovar y expandir nuestros conocimientos continuamente. Este esfuerzo constante por aprender nos permite avanzar y mantenernos al día con las tendencias actuales.

11. Mantener el enfoque

En mi infancia, ayudando a mi abuelo en el rancho, usábamos algo que él le llamaba «el tronco», pero que muchos lo conocen como «yunta», concepto que relaciona a una mula y un macho que caminan juntos para arar la tierra. Así es, de niño me tocó andar arando la tierra con el «el tronco».

Para asegurarnos de que esta «yunta» no mirara para los lados y se mantuviera enfocada, le colocábamos viseras que cubrían sus ojos, permitiéndole ver solo hacia adelante. Esto evitaba distracciones y le ayudaba a mantener la dirección correcta. De la misma manera, nosotros debemos cubrirnos de distracciones para mantenernos enfocados en nuestras metas.

Entender la importancia del enfoque es crucial para cualquier persona que aspire a lograr algo significativo en la vida. Con tantas distracciones disponibles hoy en día, especialmente tecnológicas, el uso adecuado de estas herramientas es esencial. Si no se manejan correctamente, pueden convertirse en un gran detractor, dispersando nuestra atención de las metas y los sueños que anhelamos alcanzar.

La vida moderna es como un mar lleno de olas que no paran: llamadas, mensajes, correos, gente que quiere algo de ti todo el tiempo. Es fácil perder el rumbo y dejar que esas olas nos arrastren. Pero aquí está la clave: aprender a distinguir entre lo que de verdad importa y lo que solo te roba tiempo.

Si no es una emergencia que de plano no pueda esperar, no te salgas del camino. Mantén la mirada fija en tus objetivos, como si fueran el faro que te guía en medio de la tormenta. Porque, créeme, si te detienes a atender cada "urgencia" que aparece, te vas a pasar el día apagando fuegos y olvidando lo que realmente te acerca a tus metas.

Mi mentor solía ilustrar la importancia del enfoque con un ejemplo simple pero poderoso: el uso de una lupa. Al dirigir la luz solar a través de una lupa hacia un punto fijo, se puede iniciar un fuego. Sin embargo, este efecto solo se logra si se mantiene la lupa estática y concentrada en un solo punto. De la misma manera, podemos «encender un fuego» dentro de nosotros y alcanzar nuestros objetivos si nos mantenemos enfocados y no permitimos que las distracciones nos desvíen.

Por eso, la determinación y el enfoque son como el par de herramientas que necesitamos para romper cualquier muro y avanzar hacia nuestras metas. Cuando una persona tiene la mente puesta en lo que quiere y se concentra sin perderse en distracciones, no hay barrera que la detenga.

Mira a las hormigas, por ejemplo. Son pequeñas, pero su enfoque es inmenso. Si se encuentran con una piedra en el camino, no se quedan paradas esperando a que alguien la quite. No, ellas la rodean, la trepan o buscan otra ruta, pero nunca pierden de vista su objetivo. No se distraen, no se quejan y, aunque les tome más tiempo, siempre llegan a donde tienen que llegar. Incluso si una de ellas cae, las demás siguen avanzando con el mismo compromiso.

Nosotros deberíamos aprender de ellas. Imagínate lo lejos que llegaríamos si actuáramos con esa misma tenacidad y enfoque: sin dejar que las distracciones nos saquen del rumbo, sin dar marcha atrás, sin renunciar a nuestros sueños. La clave está en esto: tener claro lo que queremos y no soltarlo por nada del mundo.

La importancia de mantener el enfoque en todo lo que hacemos

Mantener el enfoque es crucial para lograr cualquier objetivo en la vida. Sin enfoque, nuestras energías y nuestros esfuerzos se dispersan y nos resulta difícil alcanzar nuestras metas. Este capítulo explora la importancia del enfoque y cómo podemos cultivarlo para asegurar nuestro éxito.

Enfoque: La clave para el éxito

Nada se logra sin enfoque. Para alcanzar nuestras metas, debemos centrar nuestra atención y energía en una sola dirección. Intentar perseguir múltiples objetivos simultáneamente diluye nuestros esfuerzos y reduce nuestras posibilidades de éxito.

Una analogía útil es la de no intentar perseguir dos liebres a la vez. Si lo haces, es probable que no atrapes ninguna. Del mismo modo, en la vida, debemos elegir un objetivo claro y concentrarnos en él para alcanzar nuestro propósito.

Estrategias para mantener el enfoque

1. Establecer metas claras. Definir metas claras y específicas es el primer paso para mantener el enfoque. Saber exactamente lo que queremos lograr nos proporciona una dirección clara y nos ayuda a evitar distracciones.

2. Crear un plan de acción. Un plan de acción detallado nos guía en cada paso del camino hacia nuestras metas. Este plan debe incluir plazos, recursos necesarios y pasos específicos que debemos seguir.

3. Priorizar tareas. No todas las tareas son igual de importantes. Aprender a priorizar nos permite concentrar nuestros esfuerzos en las actividades que tendrán el mayor impacto en nuestras metas.

4. Eliminar distracciones. Identificar y eliminar las distracciones es fundamental para mantener el enfoque. Esto puede incluir limitar el uso de redes sociales, establecer horarios de trabajo ininterrumpidos y crear un entorno de trabajo libre de distracciones.

5. Practicar la disciplina. La disciplina es la capacidad de mantenerse enfocado y comprometido con nuestras metas, incluso cuando enfrentamos desafíos o tentaciones. Practicar la disciplina nos ayuda a seguir adelante a pesar de las dificultades.

6. Monitorear el progreso. Revisar regularmente nuestro progreso nos permite mantenernos en el camino correcto y ajustar nuestro enfoque según sea necesario. Esto nos ayuda a mantener la motivación y a asegurarnos de que estamos avanzando hacia nuestras metas.

El poder del enfoque en la vida

El enfoque no solo es crucial para lograr nuestras metas profesionales, sino también para nuestro crecimiento personal y bienestar. Al mantenernos enfocados, podemos mejorar nuestras habilidades, aprender cosas nuevas y alcanzar un mayor nivel de satisfacción personal.

Enfoque y resiliencia

El enfoque también nos proporciona la resiliencia necesaria para superar los obstáculos. Cuando estamos enfocados en nuestras metas, somos más capaces de enfrentar y superar los desafíos que inevitablemente surgen en el camino. Además, nos permite mantenernos motivados y comprometidos, incluso en tiempos difíciles.

La importancia del enfoque en las relaciones

El enfoque es igualmente importante en nuestras relaciones personales. Al centrarnos en las personas que son importantes para nosotros y dedicarles tiempo y atención de calidad, fortalecemos nuestras conexiones y construimos relaciones más profundas y significativas.

La ciencia del enfoque

La investigación ha demostrado que la capacidad de mantener el enfoque está estrechamente relacionada con el éxito. Estudios han encontrado que las personas que pueden concentrarse y evitar distracciones son más productivas, toman mejores decisiones y logran mayores niveles de éxito en sus carreras y vidas personales.

Cultivar el enfoque para el éxito

Mantener el enfoque es como un músculo: entre más lo trabajas, más fuerte se vuelve. No nace de la nada, se construye con práctica, paciencia y un compromiso diario. Si tienes metas claras, un plan bien trazado y la disciplina para priorizar lo importante, estarás entrenando tu mente para ignorar el ruido y avanzar directo hacia lo que quieres.

Piénsalo así: igual que a la yunta en el rancho le poníamos viseras para no distraerse y seguir el camino derecho, nosotros también necesitamos nuestras propias "viseras" mentales. Tal vez es apagar las notificaciones del teléfono, dedicar una hora diaria a lo que realmente importa o aprender a decir "no" a cosas que nos roban tiempo. Lo importante es proteger nuestra concentración como si fuera un tesoro, porque lo es.

Con enfoque, no solo alcanzamos nuestras metas, sino que le damos sentido y propósito a cada día. Nos convertimos en personas que no caminan por la vida a ciegas, sino con un rumbo bien definido y la firmeza de quienes saben lo que quieren. ¡Asegúrate de entrenar ese enfoque y verás cómo todo empieza a cobrar forma!

12. Compromiso y disciplina

El compromiso y la disciplina son cruciales para el éxito. Al asumir un proyecto, nos comprometemos primero con nosotros mismos y luego con los demás: nuestro equipo, nuestros asociados. El compromiso implica ser puntual, cumplir con nuestras tareas y brindar apoyo cuando se promete. Mi abuelo siempre decía que la palabra de uno debe ser ley, representando un compromiso sólido.

En la actualidad, aunque los contratos están a la orden del día, el compromiso personal sigue siendo vital. Cumplir con lo prometido es fundamental en cualquier aspecto de la vida, especialmente cuando estamos trabajando hacia un objetivo.

La disciplina, por su parte, nos ayuda a mantener ese compromiso, evitando caer en excusas que solo sirven para desviarnos de nuestros propósitos. Muchas veces me ha tocado escuchar a personas que han querido evadir el compromiso con excusas. Le echan la culpa al tráfico o que surgió un imprevisto. Me han dicho: "No fui a la reunión porque tenía mucho que lavar"; "Se me hizo tarde porque había mucho tráfico". Las personas siempre buscan excusas y no ponen como prioridad el compromiso.

Es urgente que hagamos un compromiso, primero con nosotros mismos y luego con nuestros sueños y proyectos. Es muy común que, como hispanos, tendamos a excusarnos con frases como: "Ya sabes cómo somos los hispanos, siempre llegamos tarde". Pero no deberíamos aceptar esto como algo para sentirnos orgullosos; al contrario, debemos esforzarnos por mejorar. En general, las personas exitosas son aquellas que se comprometen y mantienen una estricta disciplina.

Adoptando estas cualidades en nuestra vida y en el ámbito empresarial, sin duda contribuiremos a nuestro propio progreso y éxito. Uno de mis mentores siempre hablaba de la importancia de la disciplina, explicando que esta nos impulsa a realizar nuestras tareas no solo cuando estamos motivados o nos sentimos bien, sino también en los momentos difíciles. Jim Rohn decía: "Cuando falta motivación, la disciplina toma el control". La disciplina nos ayuda a persistir y a llevar a cabo nuestras responsabilidades, tengamos ganas o no. Esto es crucial para avanzar y alcanzar nuestras metas.

Compromiso y disciplina: Claves para el éxito en los negocios y la vida

El compromiso y la disciplina son esenciales para alcanzar el éxito en cualquier emprendimiento que decidamos emprender en la vida. Estos dos elementos van de la mano, complementándose mutuamente para ayudarnos a alcanzar nuestras metas. Este capítulo explorará qué significan el compromiso y la disciplina, cómo podemos ponerlos en práctica y cómo pueden transformar nuestros negocios y nuestras vidas.

¿Qué es el compromiso?

El compromiso es la dedicación y el esfuerzo constante que ponemos en nuestras tareas y nuestros objetivos. Es una promesa que nos hacemos a nosotros mismos y a los demás de que haremos lo necesario para cumplir nuestras metas.

Cuando nos comprometemos con un proyecto, no solo nos

dedicamos a trabajar en él, sino que también asumimos la responsabilidad de nuestros resultados. El compromiso implica ser puntuales, cumplir con nuestras tareas y brindar apoyo cuando se promete. Mi abuelo siempre decía que la palabra de uno debe ser ley, representando un compromiso sólido.

¿Qué es la disciplina?

La disciplina es la capacidad de seguir un conjunto de reglas o un plan de acción, incluso cuando es difícil o incómodo. Es la fuerza de voluntad para hacer lo que sabemos que es necesario, así no tengamos ganas.

La disciplina es lo que nos mantiene en el camino cuando enfrentamos obstáculos y distracciones. Nos ayuda a mantenernos enfocados en nuestras metas y a trabajar constantemente hacia ellas, día tras día.

La relación entre compromiso y disciplina

El compromiso y la disciplina van de la mano. El compromiso es la decisión de seguir adelante, mientras que la disciplina es la capacidad de mantener ese compromiso a lo largo del tiempo. Sin disciplina, el compromiso puede desvanecerse con el tiempo. Sin compromiso, la disciplina carece de un propósito claro. En otras palabras, el compromiso nos proporciona la dirección y la motivación, mientras que la disciplina nos da la estructura y la constancia necesaria para alcanzar nuestras metas.

Cómo poner en práctica el compromiso y la disciplina

1. Establecer metas claras. El primer paso para desarrollar compromiso y disciplina es establecer metas claras y específicas. Saber exactamente lo que queremos lograr nos proporciona una dirección clara y un propósito que nos motiva.

2. Crear un plan de Acción. Un plan de acción detallado nos guía en cada paso del camino hacia nuestras metas. Este plan tiene que llevar plazos bien definidos, los recursos que se van a necesitar y, sobre todo, los pasos que debemos seguir para no perdernos en el camino.

3. Comprometerse con uno mismo y con los demás. El compromiso comienza con nosotros mismos. Debemos hacer una promesa personal de que haremos lo necesario para alcanzar nuestras metas. Luego, podemos extender ese compromiso a nuestro equipo y asociados, asegurándonos de que todos estén alineados y trabajando hacia el mismo objetivo.

4. Desarrollar hábitos de Disciplina. La disciplina se cultiva a través de la práctica diaria. Establecer rutinas y hábitos que nos mantengan enfocados y productivos es fundamental. Esto puede incluir levantarse temprano, establecer horarios de trabajo regulares y evitar distracciones.

5. Mantenerse responsables. La responsabilidad es clave para mantener el compromiso y la disciplina. Establecer sistemas de seguimiento y evaluación nos ayuda a monitorear nuestro progreso y asegurarnos de que estamos en el camino correcto.

6. *Adaptarse y aprender de los Errores.* En el camino habrá desafíos y obstáculos. La clave es adaptarse y aprender de nuestros errores, manteniendo nuestro compromiso y nuestra disciplina a pesar de las dificultades.

El impacto del compromiso y la disciplina en los negocios

En el mundo de los negocios, el compromiso y la disciplina son cruciales para el éxito. Los empresarios y líderes que demuestran un alto nivel de compromiso y disciplina inspiran confianza y respeto en su equipo y asociados.

1. *Cumplimiento de plazos.* El compromiso, con los plazos y la disciplina para trabajar de manera constante, nos permite cumplir con nuestros proyectos a tiempo, lo que es fundamental para mantener la confianza de nuestros clientes y socios.

2. *Calidad y consistencia.* La disciplina nos ayuda a mantener un alto nivel de calidad y consistencia en nuestro trabajo. Esto es esencial para construir una reputación sólida y mantener la lealtad de los clientes.

3. *Liderazgo inspirador.* Los líderes que muestran un fuerte compromiso y disciplina inspiran a su equipo a seguir su ejemplo. Esto crea una cultura de trabajo ético y dedicado, que es clave para el éxito a largo plazo.

El compromiso y la disciplina en la vida personal

El compromiso y la disciplina no solo son importantes en los negocios, sino también en nuestra vida personal. Estos valores nos ayudan a construir relaciones sólidas, alcanzar nuestras metas personales y vivir una vida plena y satisfactoria.

1. Relaciones fuertes. El compromiso y la disciplina en nuestras relaciones personales nos permiten construir conexiones profundas y significativas con los demás. Cumplir con nuestras promesas y ser constantes en nuestro apoyo fortalece nuestros vínculos.

2. Crecimiento personal. La disciplina en el aprendizaje y el desarrollo personal nos permite crecer y mejorar continuamente. El compromiso con nuestras metas personales nos motiva a seguir adelante, incluso cuando enfrentamos desafíos.

3. Bienestar físico y mental. La disciplina en nuestras rutinas de salud y bienestar nos ayuda a mantenernos en forma y mentalmente equilibrados. El compromiso con nuestro bienestar personal es fundamental para vivir una vida saludable y feliz.

Compromiso y disciplina como pilares del éxito

El compromiso y la disciplina son dos pilares fundamentales para el éxito en cualquier aspecto de la vida. Nos proporcionan la dirección, la motivación y la constancia necesaria para alcanzar nuestras metas y vivir una vida plena y satisfactoria.

Cuando tomamos las riendas de un proyecto, el primer compromiso es con nosotros mismos y, después, con quienes nos rodean: nuestro equipo, nuestros socios y hasta nuestra familia. Aquí no hay excusas, hay que ser puntuales, cumplir con lo que toca y echarle la mano a quien lo necesite. Aunque hoy abundan los contratos y las firmas por todas partes, el verdadero compromiso es el que uno hace de corazón. Cumplir lo que prometemos no solo nos hace confiables, también nos lleva directo a nuestros objetivos.

Mi abuelo tenía una frase: "La palabra de un hombre vale más que el oro" y, créeme, tenía razón. Hoy más que nunca, necesitamos recuperar ese principio y aplicarlo en todo lo que hacemos. La disciplina y el compromiso son como las llaves que abren la puerta al éxito y a una vida con propósito.

13. Administración del tiempo

Manejar nuestro tiempo es como manejar nuestra propia vida. Lo que hacemos con cada minuto marca una diferencia enorme. Todos tenemos las mismas 24 horas al día, ¿verdad? Pero ahí está el truco: mientras algunos las exprimen al máximo, otros las dejan escapar como agua entre las manos.

¿La clave? Saber en qué estamos gastando nuestro tiempo y cómo podemos aprovecharlo mejor.

Es curioso cómo muchas personas dicen "no tengo tiempo" para emprender, aprender algo nuevo o perseguir un sueño, pero si revisamos sus días, ¿cuántas horas se les van pegados al celular, viendo redes sociales sin propósito? No se trata de no tener tiempo, sino de cómo lo estamos administrando.

Piensa en esto: desde el presidente de un país hasta la persona que pasa las noches en la calle, todos tienen las mismas 24 horas. La diferencia está en cómo las usamos. Si aprendemos a planear nuestro día y a enfocarnos en lo importante, la vida comienza a cambiar. Una simple agenda —ya sea de papel o digital— puede ser tu mejor amiga. Anota tus prioridades, organízate y verás cómo esas 24 horas empiezan a rendir más.

Recuerda, el tiempo no se recupera. Lo que hagas con él hoy puede acercarte a tus metas o alejarte de ellas. La decisión es tuya.

Es vital reconocer que, aunque podemos recuperar muchos aspectos en la vida, desde objetos perdidos hasta oportunidades, el tiempo es irrecuperable. Una vez que pasa no hay forma de recuperarlo, lo que subraya la importancia de utilizarlo sabiamente.

Entonces, es fundamental comprender la importancia del tiempo, ya que es sinónimo de vida. Al malgastar nuestro tiempo, estamos esencialmente malgastando nuestra vida.

Debemos reflexionar sobre cómo utilizamos cada momento. La vida, en comparación con la eternidad, es extremadamente breve. Aprovechar al máximo cada día es esencial; desde el momento en que abrimos los ojos, deberíamos agradecer por un nuevo día, decididos a utilizarlo de manera productiva.

En lugar de lamentarse por la duración del día o la falta de actividades, deberíamos estar agradecidos por la oportunidad de vivir diferentes estaciones y disfrutar de la variedad que cada una trae: lluvia, viento, nieve, sol. Administrar bien nuestro tiempo nos permite apreciar todo lo que nos rodea.

Muchas personas caen en una rutina monótona de trabajar, comer y dormir, sin aprovechar su vida, especialmente aquellos que viven lejos de su país natal. Pasan los años y, de repente, se dan cuenta de que no han logrado nada significativo, no por falta de oportunidades, sino por una mala administración del tiempo. La recomendación es clara: aprovecha cada momento de tu vida.

La importancia de administrar nuestro tiempo

La administración del tiempo es una de las habilidades más cruciales que podemos desarrollar. Cuando administramos nuestro tiempo, estamos administrando nuestra vida. La capacidad de enfocarnos y lograr nuestros objetivos está estrechamente conectada con cómo manejamos nuestro tiempo. Todos tenemos las mismas veinticuatro horas al día, sin embargo, la diferencia radica en cómo cada uno decide emplearlas.

El valor del tiempo

El tiempo es nuestro recurso más valioso. A diferencia del dinero o los bienes materiales, no podemos recuperar el tiempo una vez que se ha ido. Cada minuto que pasa es una oportunidad perdida si no lo utilizamos de manera productiva. La mala gestión del tiempo se refleja a menudo en personas que pasan horas en redes sociales sin lograr nada productivo.

Saber manejar el tiempo es como tener una brújula para la vida: te guía hacia donde realmente quieres ir y te ayuda a no perderte en distracciones sin sentido. Administrar bien tus horas te permite enfocarte en lo que importa, evitar distracciones y sacarle el jugo a cada día. Al final, eso es lo que te acerca a tus metas y te regala una vida más plena, más productiva y con propósito.

Cómo la mala gestión del tiempo impacta nuestras vidas

¿Cuántas veces has escuchado a alguien decir: "No tengo tiempo"? Seguramente muchas. Pero la realidad es que todos —desde el presidente de un país hasta la persona más sencilla— recibimos el mismo regalo: 24 horas al día. La diferencia está en cómo decidimos usarlas.

La mala administración del tiempo es como un agujero en el bolsillo: por más que intentas avanzar, todo se te escapa y no logras nada. Si pasas el día aplazando lo importante, saltando de una distracción a otra, terminas atrapado en un ciclo que te deja agotado y frustrado. La lista de pendientes crece, pero el avance es mínimo. Es como correr en una rueda de hámster: te cansas, pero no llegas a ningún lado.

El resultado de esto es inevitable: bajo rendimiento, estrés, y esa sensación amarga de no estar viviendo la vida que realmente quieres. Pero aquí viene lo bueno: cuando aprendes a tomar el control de tus horas, todo cambia. Empiezas a disfrutar más de tu tiempo y a ver cómo, poco a poco, las piezas de tu vida encajan mejor. El tiempo bien usado es tiempo ganado.

Estrategias para administrar el tiempo efectivamente

1. Establecer prioridades. No todas las tareas son igual de importantes. Identificar y priorizar las tareas que tienen el mayor impacto en nuestros objetivos es esencial. La técnica del análisis de Pareto, o la regla del 80/20, sugiere que el 80% de nuestros resultados provienen del 20% de nuestros esfuerzos. Al enfocarnos en ese 20%, podemos maximizar nuestra productividad.

2. Crear un horario. Planificar nuestro día con anticipación nos ayuda a mantenernos organizados y enfocados. Establecer un horario diario, semanal y mensual nos permite tener una visión clara de nuestras tareas y nuestros objetivos. Utilizar herramientas de planificación como agendas o aplicaciones de gestión del tiempo puede ser muy útil.

3. Evitar las distracciones. Las distracciones son uno de los mayores obstáculos para la gestión efectiva del tiempo. Limitar el tiempo que pasamos en redes sociales, evitar el uso innecesario del teléfono móvil y crear un entorno de trabajo libre de distracciones son pasos importantes para mantenernos enfocados.

4. Dividir tareas grandes en pequeños pasos. Las tareas grandes y complejas pueden parecer abrumadoras. Dividirlas en pasos más pequeños y manejables nos ayuda a avanzar de manera constante y evitar la procrastinación. Celebra logros pequeños y esto te motivará a seguir adelante.

5. Delegar responsabilidades. No podemos hacerlo todo al mismo tiempo. Aprender a delegar no solo nos quita peso de encima, también nos permite enfocarnos en lo que realmente importa y en lo que mejor sabemos hacer. Piénsalo como un juego de equipo: si todos hacemos nuestra parte, el resultado será más fuerte y eficiente.

Cuando confiamos en otros y soltamos un poco el control, no solo crecemos nosotros, también ayudamos a que nuestro equipo crezca. Y aquí viene lo interesante: delegar no es renunciar, es multiplicar. Es como armar un rompecabezas, donde cada persona pone su pieza para que el panorama completo cobre vida. Así, avanzamos más rápido y con mayor claridad hacia nuestras metas.

6. *Tomar descansos regulares*. La productividad no se trata de trabajar sin parar. Tomar descansos regulares nos ayuda a mantener la concentración y la energía a lo largo del día. Técnicas como la Técnica Pomodoro, que alterna períodos de trabajo con descansos cortos, puede ser muy efectiva.

La importancia de decir «no»

Una parte importante de la gestión del tiempo es aprender a decir «no». Aceptar más tareas de las que podemos manejar conduce al agotamiento y a una mala calidad en nuestro trabajo. Debemos ser conscientes de nuestras limitaciones y priorizar nuestras responsabilidades principales. Decir «no» a tareas que no son esenciales nos permite concentrarnos en lo que realmente importa y realizarlo bien.

Tiempo y productividad personal

La productividad no se trata solo de hacer más en menos tiempo, sino de hacer las cosas correctas de manera eficiente. Administrar nuestro tiempo nos permite centrarnos en nuestras prioridades, mejorar nuestras habilidades y alcanzar nuestros objetivos personales y profesionales.

Cuando aprovechamos el tiempo de manera efectiva, podemos encontrar un equilibrio entre el trabajo y la vida personal. Esto nos ayuda a reducir el estrés, mejorar nuestra salud mental y física, además de aumentar nuestra satisfacción general.

Casos de éxito en la administración del tiempo

Muchos de los individuos más exitosos del mundo han atribuido su éxito a una gestión efectiva del tiempo. Por ejemplo, empresarios como Elon Musk y Jeff Bezos son conocidos por su habilidad para planificar y utilizar su tiempo de manera eficiente. Estos líderes entienden la importancia de establecer prioridades, delegar tareas y mantenerse enfocados en sus objetivos principales.

Al estudiar estos casos de éxito, podemos aprender valiosas lecciones sobre cómo administrar nuestro propio tiempo y aplicar estas estrategias en nuestra vida diaria.

Tomar el control de nuestro tiempo

La administración del tiempo es una habilidad crucial que puede transformar nuestras vidas. Al aprender a gestionar nuestro tiempo de manera efectiva, podemos alcanzar nuestros objetivos, mejorar nuestra productividad y vivir una vida más equilibrada y satisfactoria.

Cuando administramos nuestro tiempo, administramos nuestra vida. La capacidad de enfocarnos está estrechamente conectada con cómo manejamos nuestro tiempo. Todos tenemos las mismas veinticuatro horas del día, sin embargo, la diferencia radica en cómo cada uno decide emplearlas.

No importa cuán ocupados estemos, siempre hay maneras de mejorar nuestra gestión del tiempo. Al implementar estrategias efectivas y mantenernos comprometidos con nuestras metas, podemos aprovechar al máximo cada día y avanzar hacia el éxito en todos los aspectos de nuestra vida.

14. Vivir con pasión

Aprender a vivir con pasión nos permite disfrutar y apreciar lo que hacemos, viviendo con entusiasmo y alegría. Esto se refleja en nuestra actitud y puede marcar una gran diferencia en cualquier ambiente, como en un restaurante o una tienda.

Por ejemplo, mi dentista, que es increíblemente apasionado por su trabajo, hace que la experiencia sea menos temida y más agradable. Su dedicación y pasión es evidente y eso me hace confiar en él completamente. De manera similar, me apasiona ayudar a otros, enseñar lo que he aprendido y motivar a las personas a emprender sus negocios, especialmente en la industria de mercadeo en red. Mi compromiso va más allá de esta área, pues me entusiasma ayudar en diferentes aspectos de la vida.

En lo personal, aprovecho la oportunidad de compartir mi conocimiento y experiencia, especialmente cuando me invitan a lugares como el consulado mexicano para hablar con nuestros paisanos. Les aconsejo que aprovechen su tiempo y su vida. Me apasiona enseñar y ayudar, dono mi tiempo y participo en cámaras de comercio, compartiendo y enseñando a propietarios de negocios tradicionales.

Mi filosofía es impulsar a otros y dejar una huella en sus vidas. Deseo que cuando se hable de mí, se recuerde cómo ayudé a otros. Además, en mi compañía de inversiones, no solo trabajo con contratistas, sino que también les ofrezco la oportunidad de convertirse en socios y empresarios, asistiéndolos en la creación de su LLC (Compañía de Responsabilidad Limitada por sus siglas en inglés) y proporcionándoles educación y apoyo a través de libros y audiolibros de superación personal. Esto refleja mi compromiso de ayudar a otros a superarse y avanzar.

Es como cuando compro una propiedad en mal estado y visualizo cómo quedará al terminar de repararla. De la misma forma, veo el potencial en las personas; una persona común puede convertirse en un gran empresario con el apoyo y las herramientas adecuadas. Me apasiona guiar y apoyar a otros en su crecimiento.

Es muy importante que cada uno encuentre su pasión. Apasiónate de lo que te hace sentir bien y lo vas a hacer con alegría, felicidad y entusiasmo.

La importancia de vivir con pasión

La pasión es esa magia que no se ve, pero se siente. Es la chispa que enciende nuestro espíritu y nos impulsa a vivir con entusiasmo y alegría. Vivir con pasión significa estar completamente inmerso en lo que hacemos, sentirnos emocionados por cada día y comprometidos con nuestras metas y sueños. En este capítulo, exploraremos la importancia de vivir con pasión, cómo podemos cultivar esta emoción en nuestra vida diaria y cómo puede transformar tanto nuestro negocio como nuestras relaciones personales.

La magia de la pasión

La pasión es esa sensación de querer comerse el mundo, de estar tan inmerso en lo que hacemos que perdemos la noción del tiempo. Es sentirnos apasionados por la vida, por nuestro trabajo, por nuestro negocio y por nuestro equipo. La pasión es el motor que nos impulsa a superar obstáculos, a seguir adelante cuando las cosas se ponen difíciles y a dar lo mejor de nosotros mismos en cada tarea.

Aprender a vivir con pasión nos permite disfrutar y apreciar lo que hacemos. Esta actitud se refleja en nuestra forma de ser y puede marcar una gran diferencia en cualquier ambiente. Cuando hacemos las cosas con pasión, no solo nos sentimos más realizados, sino que también inspiramos a los demás a hacer lo mismo.

La pasión en el trabajo y los negocios

La pasión en el trabajo es fundamental para el éxito. Cuando estamos apasionados por lo que hacemos, no sentimos que estamos trabajando. Cada día es una oportunidad para aprender, crecer y contribuir. La pasión nos ayuda a mantenernos motivados, a superar los desafíos y a encontrar soluciones creativas a los problemas.

Por ejemplo, pienso en mi dentista, quien es increíblemente apasionado por su trabajo. Su dedicación y entusiasmo es evidente en cada consulta, haciendo que la experiencia sea menos temida y más agradable. Esta pasión no solo mejora su desempeño, sino que también genera confianza y lealtad en sus pacientes.

En mi caso, me apasiona ayudar a otros, enseñar lo que he aprendido y motivar a las personas a emprender sus negocios, especialmente en la industria de mercadeo en red. Mi compromiso va más allá de esta área, pues me entusiasma ayudar en diferentes aspectos de la vida. Esta pasión por ayudar y enseñar se traduce en un impacto positivo en las personas con las que trabajo, creando un ambiente de apoyo y crecimiento mutuo.

Cultivar la pasión en la vida diaria

1. Encuentra tu propósito. La pasión surge cuando encontramos un propósito que nos motiva y nos da una razón para levantarnos cada mañana. Reflexiona sobre lo que realmente te importa y lo que quieres lograr en la vida. Este propósito será tu guía y te ayudará a mantener la pasión viva.

2. Rodéate de personas apasionadas. La pasión es contagiosa. Rodéate de personas que compartan tu entusiasmo y tu amor por lo que haces. Estas personas te inspirarán y te motivarán a seguir adelante, incluso cuando enfrentes desafíos.

3. Haz lo que amas. Dedica tiempo a esas cosas que te emocionan, que te sacan una sonrisa y te hacen sentir que el día vale la pena. Ya sea en tu trabajo, en tus hobbies o incluso en cómo te relacionas con las personas que quieres, busca formas de meterle más de lo que te apasiona a tu día a día.

Si amas lo que haces, no solo trabajas, te diviertes mientras construyes tus sueños. Es como cuando juegas un partido de fútbol con amigos: sudas, corres y te cansas, pero lo disfrutas tanto que ni lo sientes. Así debe ser en la vida: si lo que haces te hace sentir vivo, no importa cuánto esfuerzo pongas, porque al final del día, terminas con el corazón contento y la energía renovada para seguir avanzando.

4. Aprende y crece continuamente. La pasión se alimenta del crecimiento y el aprendizaje. Busca constantemente nuevas oportunidades para aprender y mejorar. Esto no solo mantendrá tu mente activa, sino que también te ayudará a descubrir nuevas pasiones y talentos.

5. *Sé agradecido.* La gratitud nos ayuda a apreciar lo que tenemos y a encontrar alegría en las pequeñas cosas de la vida. Practicar la gratitud diariamente puede aumentar nuestra pasión y nuestro entusiasmo por la vida.

La pasión y el impacto en los demás

Vivir con pasión no solo nos beneficia a nosotros, sino que también tiene un impacto positivo en las personas que nos rodean. Cuando estamos apasionados por lo que hacemos, inspiramos a los demás a encontrar y seguir sus propias pasiones. Nuestra energía y nuestro entusiasmo pueden motivar a otros a perseguir sus sueños y a esforzarse por alcanzar sus metas.

En el contexto del trabajo en equipo, la pasión puede transformar el ambiente laboral. Un líder apasionado puede inspirar a su equipo a dar lo mejor de sí mismos, a colaborar de manera efectiva y a superar los desafíos juntos. La pasión crea un sentido de propósito y pertenencia, que es fundamental para el éxito a largo plazo.

La pasión como motor del éxito

La pasión es el motor que impulsa el éxito. Nos ayuda a mantenernos enfocados en nuestros objetivos, a perseverar a través de las dificultades y a buscar constantemente maneras de mejorar y crecer. Sin pasión, es fácil caer en la rutina y perder la motivación. Con pasión, cada día es una nueva oportunidad para alcanzar nuestras metas y hacer una diferencia en el mundo.

El compromiso con nuestras metas y sueños, alimentado por la pasión, nos permite alcanzar niveles de éxito que de otra manera serían inalcanzables. Nos da la energía y la determinación necesarias para superar cualquier obstáculo y nos mantiene motivados, incluso en los momentos más difíciles.

Vivir con pasión para una vida plena

La pasión es la clave para una vida plena y satisfactoria. Es esa magia que no se ve, pero se siente, que nos impulsa a vivir con entusiasmo y alegría. Al aprender a vivir con pasión, no solo mejoramos nuestra propia vida, sino que también inspiramos a los demás a hacer lo mismo.

Vivir con pasión significa estar completamente inmerso en lo que hacemos, sentirnos emocionados por cada día y comprometidos con nuestras metas y nuestros sueños. Nos permite disfrutar y apreciar lo que hacemos, vivir con entusiasmo y alegría, además de marcar una gran diferencia en cualquier ambiente.

En resumen, la pasión es lo que nos mueve hacia adelante. Quienes logran metas, tienen un deseo ardiente de completar su misión. La pasión es ese motor que nos saca de la cama antes de que suene el despertador y nos tiene dando batalla hasta que las estrellas se asoman en el cielo. Es la chispa que enciende nuestro espíritu y nos impulsa a vivir con entusiasmo y alegría. Vivir con pasión nos permite disfrutar y apreciar lo que hacemos, vivir con entusiasmo, alegría y marcar una gran diferencia en cualquier ambiente. Es la clave para una vida plena y satisfactoria.

15. Gratitud

Considero que agradecer diariamente es fundamental. En lo personal, siempre doy gracias a Dios no solo por lo que tengo, sino también por lo que está por venir. El ser agradecidos por nuestra casa, nuestra familia, nuestro negocio, nuestro vehículo, nuestro trabajo y la gente que nos rodea enriquece nuestra vida. También, agradecer por lo que aún no tenemos, como si ya fuera nuestro, invita a la abundancia.

Siempre debemos ser agradecidos. Dar gracias a Dios por todo. Agradece, por ejemplo, mientras persigues ese sueño o meta, como el adquirir la casa que deseas. Di: "Gracias, Dios, por esta casa que tienes para mí", aunque aún no la poseas, pero ya estás agradeciendo porque está en camino hacia ti. Y esto se aplica no solo a lo que aún no tenemos, sino también a lo que ya poseemos: vida, salud, familia. Agradece por tus padres, abuelos, hijos; hay quienes no tienen esa fortuna. Sé agradecido por tus socios, tu equipo de trabajo, por estar aquí. Aún en tiempos difíciles, en lugar de quejarnos, debemos agradecer.

Mi mentor, el señor Paul Oberson, me dijo una vez: "Alexis, no dejes que nadie te robe tus sueños. No dejes que nadie te detenga en las cosas que quieres lograr; quiero decirte que aún lo mejor está por venir". Es algo que siempre comparto con toda persona que me cruzo en esta vida. Es necesario que sepan que **aún lo mejor está por venir**.

Querido lector, sé que después de leer y compartir cada uno de estos puntos, encontrarás claves, palabras, consejos que te impulsarán a dar el próximo paso. Si dieras tan solo un paso en cada una de estas áreas, eso te puede llevar a ser mejor persona, mejor empresario, mejor hijo, mejor hermano, mejor ser humano. Mi propósito es contribuir a mejorar tu vida y, a través de ti, ser un canal de bendición para mejorar las vidas de otros.

Espero que esta información pueda alcanzar a las personas correctas, que la aprovechen al máximo y que, eventualmente, puedan compartirme cómo este libro les ha contribuido a sus vidas. Creo que la mejor recompensa será saber que lo compartido ha mejorado la vida de quien lo lee.

Entender y practicar la gratitud diariamente es un acto poderoso que puede transformar nuestra vida y percepción del mundo que nos rodea. En este capítulo, exploraremos la importancia de vivir con gratitud y cómo este simple gesto puede abrirnos las puertas a mayores oportunidades y a una vida más plena y satisfactoria.

El poder de la gratitud

La gratitud va más allá de una simple expresión de cortesía. Es una actitud consciente y profunda de apreciar lo que tenemos en nuestras vidas, desde las pequeñas alegrías hasta las bendiciones más grandes. Cuando cultivamos la gratitud, reconocemos y valoramos las personas, experiencias y cosas que enriquecen nuestro día a día.

Por ejemplo, cada mañana doy gracias a Dios por mi hogar, mi familia y por las oportunidades que se presentan. Esta práctica no solo me llena de alegría y paz interior, sino que también me ayuda a mantenerme centrado en lo que realmente importa. La gratitud es como un imán que atrae más razones para estar agradecido, porque cuando valoramos lo que tenemos, abrimos nuestro corazón y nuestra mente a nuevas posibilidades.

Agradeciendo por lo que aún no tenemos

Una práctica poderosa es agradecer por lo que aún no tenemos, pero que aspiramos a alcanzar. Esto no significa conformarnos, sino visualizar nuestros sueños y metas como si ya fueran una realidad. Al agradecer de antemano, estamos emitiendo una señal de confianza y fe en que esos deseos se manifestarán en nuestra vida. Por ejemplo, agradezco cada día por los proyectos que están en camino hacia mí, por la salud que mantengo y por las oportunidades que están por llegar.

Gratitud en tiempos difíciles

Incluso en los momentos más difíciles, la gratitud puede ser un bálsamo para el alma. En lugar de enfocarnos en lo que nos falta o en los desafíos que enfrentamos, podemos cambiar nuestra perspectiva agradeciendo por las lecciones que aprendemos, por el apoyo de nuestros seres queridos y por la fuerza interna que nos permite seguir adelante. La gratitud nos ayuda a encontrar paz interior y a enfrentar los retos con una actitud más positiva y resiliente.

Cultivando un hábito de gratitud

Para incorporar la gratitud de manera más significativa en nuestras vidas, podemos adoptar algunas prácticas diarias:

1. Un diario de gratitud. Al final de cada día, anota tres cosas por las que estamos agradecidos. Esto nos ayuda a reflexionar sobre nuestras bendiciones y a enfocarnos en lo positivo.

2. Expresar gratitud verbalmente. No debemos subestimar el poder de decir «gracias». Expresar nuestro agradecimiento a las personas que nos rodean fortalece nuestras relaciones y crea un ambiente de aprecio mutuo.

3. Practicar la gratitud en las adversidades. En lugar de dejarnos consumir por el estrés o la frustración, podemos buscar aspectos positivos y agradecer por las oportunidades de crecimiento personal que nos ofrecen los desafíos.

Impacto de la gratitud en nuestras vidas

Vivir con gratitud no solo mejora nuestra calidad de vida personal, sino que también impacta positivamente en nuestras relaciones y en nuestra salud mental y emocional. Cuando somos agradecidos, irradiamos una energía positiva que atrae más cosas buenas a nuestra vida. Además, la gratitud nos ayuda a mantener una perspectiva equilibrada y a valorar lo que realmente importa en nuestras vidas.

Vivir agradecidos, vivir plenamente

En pocas palabras, la gratitud es como una llave mágica que nos abre la puerta a una vida más plena y feliz. Cuando agradecemos cada día por lo que tenemos —mucho o poquito—, estamos entrenando nuestra mente para ver la abundancia en lugar de la escasez. Es como si de pronto todo brillara un poco más: las relaciones se fortalecen, el ánimo mejora y hasta enfrentamos los momentos difíciles con más fuerza y esperanza.

Vivir con gratitud es como caminar con los brazos abiertos y el corazón dispuesto a recibir lo bueno que la vida quiere regalarnos. Así que, si algo puedo dejarte aquí, es esta idea: agradece por lo que tienes hoy, y verás cómo se transforma tu presente y se construye un futuro más lleno de luz. La gratitud es un hábito pequeño, pero el impacto que tiene puede ser gigante.

CONCLUSIÓN

Al mirar atrás en mi recorrido, recuerdo la vez que, siendo joven y lleno de ambiciones pero sin una dirección clara, me encontré frente a una decisión que cambiaría mi vida: abandonar la comodidad de lo conocido por el desafío de lo desconocido en las redes de mercadeo. Ese momento de decisión, de salto al vacío, es un reflejo de lo que *La fórmula del mercadeo en red* intenta enseñarte.

A lo largo de estas páginas, hemos analizado juntos **los tres pilares de poder** que han sido fundamentales en mi vida: **VISIÓN, ACCIÓN y PASIÓN**. Estos pilares son más que conceptos teóricos, es **la fórmula precisa** que te puede ayudar a transformar tu realidad en la industria del mercadeo en red.

Permíteme hacer un breve repaso para que estos fundamentos queden bien claros:

VISIÓN

Todo empieza con la claridad de lo que quieres lograr. Estos primeros pasos definen tu rumbo:

1. **Tener un sueño:** Todo comienza con una visión clara de lo que deseas alcanzar.

2. **Importancia de un deseo:** Mantener un deseo fuerte y constante te dará el combustible para avanzar.

3. **Trabajar con metas:** No basta con soñar; necesitas metas claras y alcanzables para darle forma a ese sueño.

4. **Creer en ti mismo:** La confianza en tu propio potencial es fundamental para alcanzar lo que te propones.

ACCIÓN

Sin acción, ningún sueño se materializa. Aquí es donde pasamos de la planificación a la ejecución:

5. **Decisión es acción:** Tomar decisiones y actuar es lo que te moverá hacia tus metas.

6. **Cuidar nuestro círculo de influencia:** Rodéate de personas que te sumen, que te inspiren y te impulsen.

7. **Desarrollar buenos hábitos:** Tus hábitos diarios son los que definirán tu éxito a largo plazo.

8. **Alimentar nuestra fe:** La fe es lo que te mantiene avanzando, incluso cuando los resultados no son inmediatos.

9. **Planificar el éxito:** El éxito no ocurre por accidente; necesitas un plan claro y definido para alcanzarlo.

PASIÓN

La pasión es el motor que te mantiene en marcha, incluso en los momentos más difíciles:

10. Aprendizaje continuo: Mantén siempre una mentalidad abierta al aprendizaje; el crecimiento personal es clave.

11. Enfoque: No permitas que las distracciones te desvíen. Mantén tus ojos fijos en el objetivo.

12. Compromiso y disciplina: No se trata solo de quererlo, se trata de comprometerte y ser disciplinado en tu camino.

13. Administrar bien el tiempo: Tu tiempo es tu recurso más valioso. Aprovéchalo al máximo.

14. Vivir con pasión: La pasión y el entusiasmo son lo que te ayudarán a superar cualquier desafío.

15. Gratitud: Nunca olvides ser agradecido. La gratitud te mantiene con los pies en la tierra y te abre más puertas.

Cada uno de estos principios es un ladrillo en el camino hacia tu transformación personal y profesional. No son simplemente consejos, sino pilares que, cuando se aplican de manera consistente, te llevarán a otro nivel en tu vida y en tu carrera dentro del mercadeo en red.

Querido lector, mi propósito al escribir este libro no ha sido solo compartir mi historia, sino ofrecerte un mapa claro para que encuentres tu propio camino hacia el éxito en las redes de mercadeo. Lo que decidas hacer con este conocimiento depende de ti. Si estás listo para tomar acción, tienes en tus manos todas las herramientas que necesitas.

ALEXIS ADAME

PD: Para ayudarte a dar el siguiente paso, he preparado **algo especial para ti**: solo visita el siguiente enlace y descarga el ebook "**La guía esencial para líderes en mercadeo**": www.AlexisAdame.info

O escanea con tu teléfono este código QR:

AGRADECIMIENTOS

A lo largo de mi trayectoria, he tenido la bendición de conocer a personas maravillosas que han enriquecido mi vida de innumerables maneras. Este libro es un reflejo de todas esas experiencias, enseñanzas y momentos compartidos. Quiero agradecer de todo corazón a cada persona que, de alguna forma, contribuyó a mi aprendizaje.

A mis mentores, gracias por guiarme con sabiduría y paciencia. A cada líder en mis equipos de negocios y a mis asociados, tanto a nivel nacional como internacional, su dedicación y esfuerzo han sido fundamentales en este camino. Los amo a todos y les agradezco profundamente por ser parte de mi vida y mi visión.

A mis lectores, gracias por tomar este libro en sus manos. Mi mayor deseo es que sea una gran bendición para sus vidas y los inspire a alcanzar sus sueños. A mis fans y seguidores, gracias por su apoyo constante, por su confianza y por ser una fuente inagotable de motivación para mí.

Quiero hacer un agradecimiento especial a aquellos amigos

y padrinos que, de manera directa, hicieron posible la realización de este proyecto:

- A mi gran amigo **Nayo Escobar**, por tu constante apoyo y amistad inquebrantable.

- A **Rafael Ayala** y **Rubén Lozano**, por su respaldo incondicional.

- A **Alex Reynoso**, un líder, colega y maestro extraordinario en la industria del mercadeo en red. Gracias por tu ejemplo y por ser una inspiración constante.

- A **Jonattan Santa Cruz** y **Atziry González**, por sus palabras de aliento y sus mensajes motivadores.

- Y especialmente a **Alfonso Inclán**, quien puso todo su corazón en este proyecto. Campeón, tu apoyo fue clave para que esto se hiciera realidad.

Aunque no puedo mencionar a todos mis amigos porque son demasiados, sepan que cada uno de ustedes ocupa un lugar especial en mi corazón. También tengo espacio en mi vida y en este libro para los nuevos amigos que seguiré conociendo a través de esta obra.

Gracias a todos, de todo corazón. Mil bendiciones.

FELICIDADES
POR LLEGAR HASTA AQUÍ

Querido lector,

Escribí este libro pensando en ti, con todo mi corazón.

Ahora quiero pedirte un favor. Visita mi página en Amazon, donde siempre estoy al tanto de los comentarios que dejan personas como tú.

Tu opinión sincera es valiosa, no solo para mí, sino también para otros emprendedores que están buscando la mejor manera de invertir su tiempo y esfuerzo.

Te pido dos cosas simples:

1. Cuéntame cómo este libro ha impactado tu vida.

2. Deja un comentario práctico y útil que pueda guiar a otros lectores.

Si te gustó este libro y quieres compartir lo que has aprendido, te invito a dejar tu comentario y calificación en la página de Amazon. Solo busca mi nombre o el título del libro y estaré esperando leer tus palabras. ¡Gracias!

O también puedes escanear el siguiente código QR con tu teléfono para dejar tu comentario en Amazon.

Con aprecio,
ALEXIS

CONFERENCIA

LA FÓRMULA DEL ÉXITO

Descubre los tres pilares esenciales para triunfar en mercadeo en red y transformar tu negocio.

¿Qué aprenderás?

- Definir metas claras
- Tomar acción estratégica
- Mantener pasión constante
- Construir relaciones sólidas

Solo para Visionarios y Soñadores.

LLEVA ESTA CONFERENCIA A TU CIUDAD

+1 972 670 4138

AlexisAdame.com

Alexis Adame

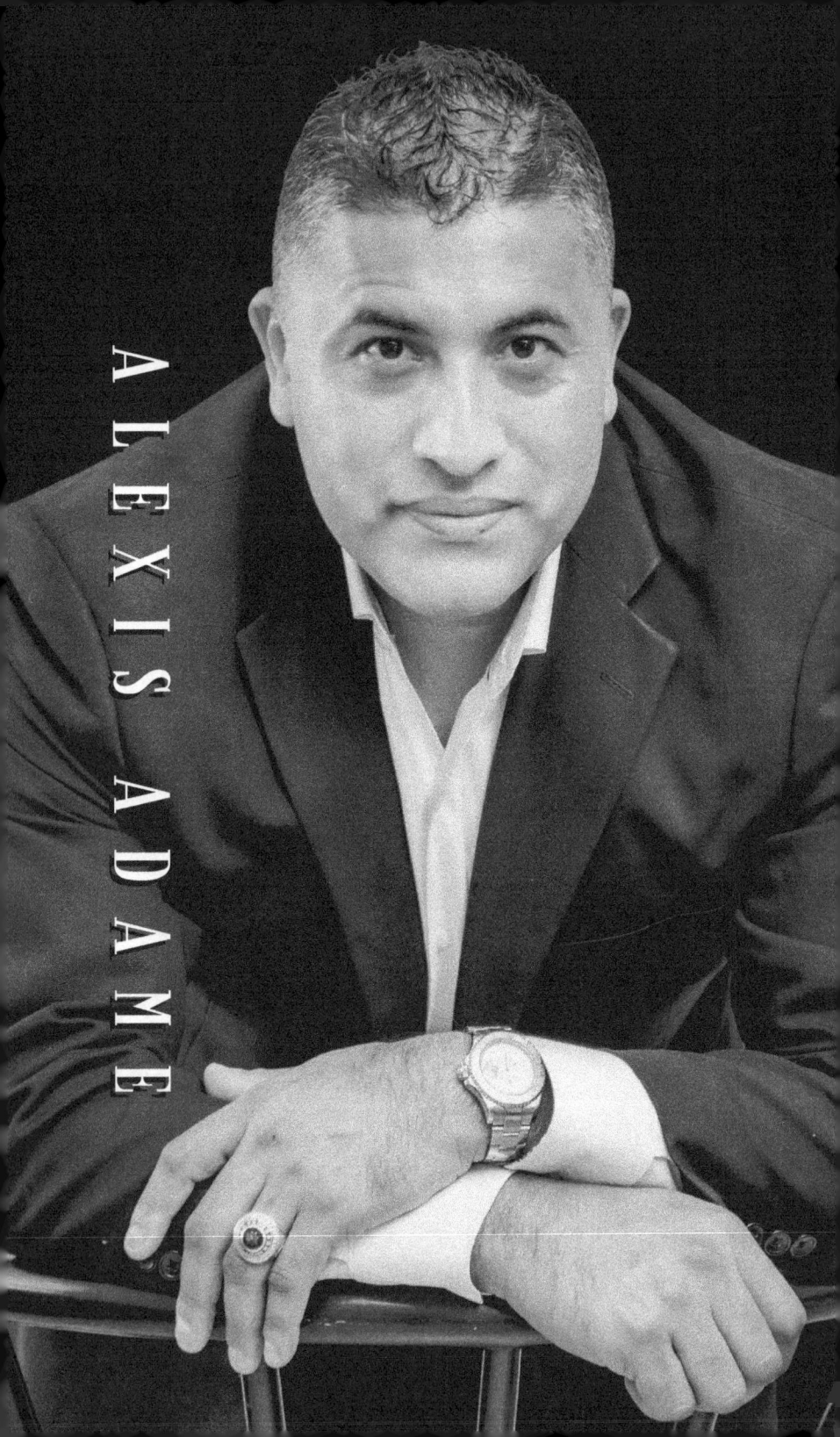

ALEXIS ADAME

ALEXIS ADAME es un líder reconocido en la industria del mercadeo en red, mentor, conferencista, inversionista y autor de *La Fórmula del Mercadeo en Red*. Emigró a los Estados Unidos a los 14 años, donde comenzó trabajando en restaurantes, y más tarde como músico y electricista. En 2002, descubrió su verdadera pasión por el mercadeo en red, y junto a su esposa Teresa, construyó una organización con más de 100,000 personas, consolidándose como uno de los líderes más influyentes de su compañía.

Alexis ha dedicado su carrera a enseñar a otros cómo triunfar en el mercadeo en red, ayudando a miles a lograr libertad financiera y éxito personal. Su enfoque basado en educación y mentoría ha transformado la vida de muchos, y su sistema educativo ha sido clave en la creación de emprendedores exitosos dentro de la industria.

Además de su destacada trayectoria en el mercadeo en red, Alexis Adame ha ampliado su visión al mundo de las inversiones en bienes raíces. Con un enfoque estratégico, ha utilizado su experiencia para generar ingresos pasivos y construir un portafolio sólido, lo que le ha permitido diversificar sus fuentes de ingresos y seguir impulsando su crecimiento financiero.

Nacido en Las Piedras, Río Grande, Zacatecas, México, Alexis vive en Texas con su esposa y sus tres hijos. En su tiempo libre, disfruta de jugar golf, salir a visualizar mansiones y leer libros. Puedes conocer más sobre su trayectoria y servicios en:

www.AlexisAdame.com.

MENTORÍA

Ayudo a transformar tu negocio de mercadeo en red

BENEFICIOS

Estrategias duplicables efectivas
Crecimiento personal continuo
Plan de acción
Desarrollo de liderazgo
Mentoría personalizada
Y mucho más...

CONTÁCTAME *HOY* MISMO

+1 972 670 4138

www.AlexisAdame.com

Mentoría exclusiva para líderes en crecimiento

www.ingramcontent.com/pod-product-compliance
Lightning Source LLC
LaVergne TN
LVHW011324080426
835513LV00006B/183